O Reflexo Dos Vencedores

Erich Luiz Meirelles

O Reflexo Dos Vencedores

Um ideal de vida, que tem como objetivo
agregar valores na sociedade, perpetuando seu legado.

VOLUME I

PandorgA

2015

Coordenação Editorial
Silvia Vasconcelos

Preparação
Project Nine

Diagramação
Project Nine

Capa
Project Nine

Revisão
Patricia Murari

Ilustração
Leonardo Carlos Comotti Kasperavičius

TEXTO DE ACORDO COM AS NORMAS DO NOVO ACORDO ORTOGRÁFICO DA LÍNGUA PORTUGUESA
(DECRETO LEGISLATIVO Nº 54, DE 1995)

DADOS INTERNACIONAIS DE CATALOGAÇÃO NA PUBLICAÇÃO (CIP)
(Câmara Brasileira do Livro, SP, Brasil)

Meirelles, Erich Luiz
O reflexo dos vencedores, volume 1 / Erich Luiz Meirelles. -- Carapicuiba,
SP : Pandorga Editora e Produtora, 2015.

1. Artes marciais 2. Autoajuda - Técnicas 3. Motivação 4. Sucesso
profissional I. Título.

14-05094   CDD-796.8

Índices para catálogo sistemático:
1. Artes marciais : Esportes 796.8

2015
IMPRESSO NO BRASIL
PRINTED IN BRAZIL
DIREITOS CEDIDOS PARA ESTA EDIÇÃO À
EDITORA PANDORGA
AVENIDA SÃO CAMILO, 899
CEP 06709-150 – GRANJA VIANA – COTIA – SP
TEL. (11) 4612-6404

WWW.EDITORAPANDORGA.COM.BR

Dedico não só este livro, mas toda a série de livros que a compóe, a inúmeras pessoas que compactuam com a tão nobre arte chamada Kung Fu, que vem há muito engrandecendo e enriquecendo com seus aspectos culturais, filosóficos, marciais e disciplinadores, com o propósito de disseminar valores morais pertinentes à prática, beneficiando a humanidade e perpetuando por gerações através dos conhecimentos adquiridos tornando-se parte integrante deste legado.

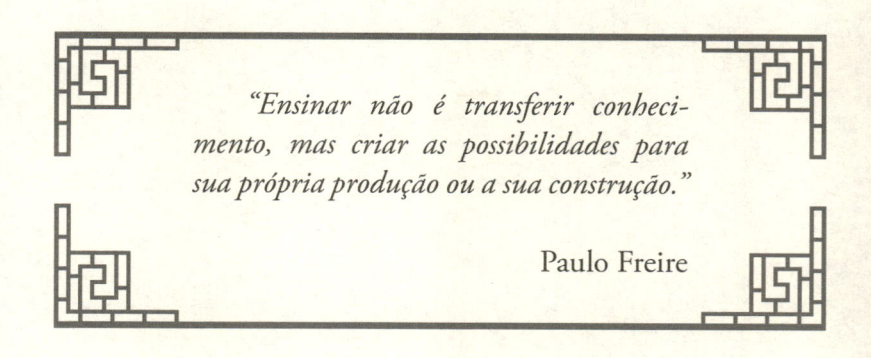

> *"Ensinar não é transferir conheci-*
> *mento, mas criar as possibilidades para*
> *sua própria produção ou a sua construção."*
>
> Paulo Freire

Sumário

Introdução

Este livro descreve a idealização da construção de uma escola de prática marcial chinesa e de sua trajetória em obter jovens aprendizes que busquem conhecimento e desejem se tornar lutadores. Podemos identificar esses jovens aprendizes usando uma nova conotação, chamada "discípulos".

Esta fascinante série de livros, sem sombra de dúvida narra o poder de transformação, este não só dos jovens discípulos (que são o tema central), como também terá o leitor, que se identificará com várias situações narradas ao longo desta série.

Caberá ao Shifu (Mestre) Erich, mostrar o caminho para chegar ao ponto desejado. Porém, isso demanda tempo, e seu maior legado será o de direcionar os discípulos a se fixarem em uma nova disciplina através de um método de ensino predeterminado.

Neste aprendizado, será incutido um objetivo a ser traçado, com regras, planejamentos, metas e novos valores, criando assim uma mentalidade de mudança para a essência da prática e sua doação a uma nova filosofia de vida, como se o discípulo fosse um livro vazio, onde ele e somente ele terá que escrever sua trajetória, criando uma vida tão linda e tão vitoriosa de resultados que simplesmente trarão sensação de bem-estar e o desejo de ir em frente.

Esta coletânea de livros trará de forma bem direta ao público os conhecimentos adquiridos pelos jovens discípulos aprendizes na busca do ensinamento da prática da arte marcial chinesa, bem como os aspectos da vida cotidiana, transformando-os em experiências desafiadoras, recompensadoras e excitantes.

Prefácio

Sei que muitos ainda não acreditam ao ouvir que o Kung Fu mudou a vida de alguém para melhor, mas, nós sabemos, pela experiência vivenciada e isto já é público; basta visitar algumas escolas, ao longo de 40 anos praticando com milhares de pessoas, hoje saudáveis e bem-sucedidas, com suas escolas e atitudes exemplares, em suas famílias, negócios e relacionamentos, que isso é possível, e aqueles que se permitirem conhecer o desconhecido, poderão também adquirir estes enormes benefícios.

Fiquei muito feliz em ser convidado a prefaciar esta obra. Conheço Erich desde que era mocinho, quando entrou em minha escola, pequeno, humilde e com aparência franzina. Cheguei a duvidar que aguentaria os rigores do treino, além disso, sabia de sua luta pela sobrevivência, onde trabalhar, estudar e ainda praticar Kung Fu não era para qualquer um.

Pois bem, estudioso, obediente, dedicado e muito caprichoso, foi galgando os degraus desta nobre arte, vencendo não só obstáculos físicos como psicológicos e emocionais, que ao longo dos anos em sua trajetória foi entendendo e praticando os conceitos de "aprender a aprender", de professor e aluno, de Mestre e discípulo, mais ainda, com sua escola e seus próprios aprendizes, conquistou o embasamento necessário a idealização da construção de uma escola de Prática Marcial Chinesa, cuja experiência, agora compartilhada neste livro, às vezes coincidentes com o seu cotidiano, possa servir a todos aqueles que busquem conhecimento, saúde, uma nova filosofia de vida, ou mesmo tornarem-se replicadores desta nobre arte do Kung Fu.

Grão-mestre Dirceu Amaral Camargo

Sinto-me honrada por ser convidada a escrever o prefácio deste livro. Ainda que eu não tenha toda a bagagem e conhecimento de um crítico ou especialista na área de literatura, me sinto feliz pela confiança em mim depositada.

Esta coleção de livros "O Reflexo dos Vencedores" que lhes apresento não é apenas mais um livro de Arte Marcial Chinesa, embora seu tema central seja realmente esse, os livros são quase uma autobiografia do Shifu Erich o qual além de nos ensinar um pouco sobre as particularidades da arte milenar do Kung Fu, nos transmite conhecimentos dignos de um Mestre.

De uma maneira simples e didática, a narrativa de como construiu sua escola e do dia a dia dos treinos, nos mostram coisas simples e cotidianas que acabamos deixando passar na correria da nossa vida.

Em alguns momentos, os acontecimentos farão pensar que o livro foi escrito para você, pois de fato, muitos acontecimentos são bem comuns e acontecem todos os dias, no entanto, acredito que você, leitor, se surpreenderá com o desenrolar da trama e com a maneira como o Shifu resolve os problemas sabiamente.

Assim sendo, recomendo esta coleção de livros a todas as idades. Não é necessário ser um atleta para se identificar com os livros. Shifu Erich não apenas nos mostra maneiras diferentes de pensar, como maneiras de lidar com os problemas e como nos desenvolver como pessoas livres e pensantes.

Rachel Lucien Miranda

Esta série de livros conta a bonita trajetória da AAMSKF, que tive a sorte de poder acompanhar de perto. A história de um homem de honra inquestionável, que luta e trabalha duro por tudo aquilo em que acredita, e que possui uma vastidão de conhecimento para transmitir.

Lendo esta série, os leitores podem ter uma ideia de como uma Arte Marcial pode nos trazer benefícios e moldar virtudes, estas por vezes tão esquecidas no meio conturbado em que vivemos atualmente.

As histórias nos mostram que devemos estar sempre preparados para evitar o inevitável, e que muitas pessoas não percebem o valor de uma oportunidade quando esta bate às suas portas.

Acredito que estes livros possam ser o ponto de início para quem, assim como eu um dia, não tem muita certeza do rumo a ser tomado em sua vida. O Kung Fu foi ponto determinante em minha carreira, pois me ensinou a ser determinado e agir de forma contundente. Também me ensinou a não limitar o meu potencial e não ter medo de arriscar, porém sempre baseado em um planejamento sólido, respeitando a ordem correta das coisas.

Desafio o leitor a se imaginar como um dos discípulos e se questionar: será que aguentaria passar por todas essas provações, ou desistiria de tudo ao sinal da primeira dificuldade? Sobre os discípulos que desistiram, por que desistiram e o que poderiam ter sido se houvessem continuado?

Com certeza, uma série de questionamentos e surpresas o aguardam nesta série incrível.

Leonardo Carlos Comotti Kasperavičius

Agradecimentos

Pensar em palavras que concluam algo é fácil, o difícil é transportá-las para o papel, pois na verdade elas me parecem frias e sem vida e acabam dizendo o que não há em mim.

Contudo, agradeço do fundo do meu coração à minha família, em especial à minha companheira Andrea e aos meus filhos Havy e Gueby.

Agradeço também aos inúmeros discípulos que não só ensinei como também aprendi muito quanto à compreensão dos limites de cada um e da superação dos mesmos, sendo estes a mola propulsora do meu legado.

Capítulo I

A criação da AAMSKF

Fundada em 16 de setembro de 1995, pelo Shifu Erich Luiz Meirelles, a AAMSKF sempre teve como ideal se firmar pouco a pouco e desempenhar um papel inovador e atuante. Seu maior desafio não é o de se tornar um dos maiores polos das Artes Marciais Chinesas no Brasil, mas sim fazer parte de um todo, demonstrando os benefícios e aspectos positivos da prática dentro de uma estrutura que propicia o desenvolvimento progressivo, passo a passo, assim como regem as Artes Marciais Chinesas.

Foi alugado um ponto comercial no extremo da Zona Leste, em São Paulo, com uma área de 300 m², com o real objetivo de ser uma escola onde seriam transmitidos seus ensinamentos e desenvolvidos a força da mente, do corpo e do espírito em seus discípulos, estimulando a disciplina física e mental, combinando a isso o apoio e o aperfeiçoamento das habilidades individuais.

Com o recebimento das chaves do imóvel, as paredes foram pintadas de maneira a dividi-las em três faixas horizontais iguais: na de baixo, a cor vermelha; na do meio, laranja, e amarelo, na faixa superior. Foram colocadas diversas armas chinesas fixadas em suportes, sacos de pancadas, colchonetes, bancos, luminárias, ventiladores, extintores, e várias outras coisas que uma escola de Arte Marcial Chinesa necessita para o funcionamento.

Do lado de fora, foi instalado um letreiro com o nome "AAMSKF 7 Arte Marcial Tradicional Chinesa Ltda.", além do horário de atendimento e telefone para contato.

Tendo como nome fantasia Associação de Arte Marcial Shaolin Kung Fu (ou AAMSKF, como é mais conhecida), ela seria vista por muitos praticantes como uma academia, um bom lugar para emagrecer, um bom lugar para melhorar problemas respiratórios, um ótimo lugar para se relacionar, um excelente lugar para conter sua violência, um bom lugar para se obter autoconfiança, adquirir tônus muscular ou somente um lugar para se descontrair.

A busca verdadeira de Shifu Erich era de que, neste turbilhão de universos de buscas, ele encontrasse pessoas que se transformariam em discípulos, e que de fato elas entendessem que o Kung Fu de verdade só existe porque pessoas como ele permitiram sua existência e assimilaram que para todo começo existe um fim, e que nele terá o mesmo papel transformador de perpetuar dando sequência a um legado conquistado com muito esforço e dedicação, mantendo assim a chama acesa para várias gerações usufruírem desta grande riqueza.

Porque hoje o que mais se encontra nesta vida são vários começos sem fim, pessoas tornando-se barcos à deriva, sem rumo nem direção, onde qualquer vento lhe serve de orientação. Shifu Erich sabia que não poderia dirigir vento algum, teria que ensinar este barco a ajustar suas velas por si só e ver que todos os seus esforços de busca de direção irão contribuir para que todos os ventos soprem ao favor deste barco, tornando-os pessoas que comandam qualquer tipo de embarcação e tripulação.

Após uma semana da instalação do letreiro na fachada do imóvel, anúncios em jornais locais de bairro e distribuição de panfletos, começaram a aparecer pessoas interessadas na prática e que efetivaram sua matrícula. De início, a quantidade de matrículas foi limitada para apenas um número pequeno de praticantes (de no máximo 49 pessoas). A ideia básica seria criar inicialmente um corpo docente de auxiliares de instrução, sobre o qual se teria o impulso necessário ao crescimento da AAMSKF.

Sem sombra de dúvida, Shifu Erich sabia que, a partir deste número, encontraria seus futuros auxiliares e discípulos. Sendo assim, criou-se a sua primeira lista de espera para os excedentes.

O início das atividades foi agendado para um sábado, dia 30 de setembro de 1995, com horário de início às 9h. Neste dia, haveria também a entrega de uniforme, carteirinha de associado e o super kit do praticante (que seria uma surpresa para todos os inscritos).

Capítulo 2

Início das Atividades

Era um lindo dia de sábado, às 6h da manhã, quando Shifu Erich e sua companheira Sra. Andrea saíram de sua residência em direção à AAMSKF para iniciar as atividades. O orvalho da manhã deixava a certeza de que o sol apareceria para irradiar, com todo o seu brilho e esplendor, uma nova jornada em suas vidas.

Ao chegar, Shifu Erich colocou no quadro de filosofia da semana, a seguinte mensagem:

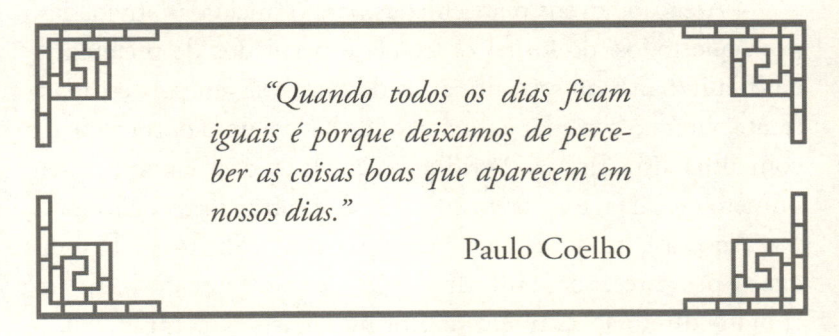

> *"Quando todos os dias ficam iguais é porque deixamos de perceber as coisas boas que aparecem em nossos dias."*
>
> Paulo Coelho

Como um ritual, foram colocadas caixas lacradas no chão da sala de treino, contendo a carteirinha, o uniforme, a tabela de horário e o kit do praticante. Cada uma das sete colunas verticais continha sete caixas na horizontal, em ordem numérica do registro da efetivação da matrícula, do número 01 ao 049, devidamente na formação.

Na entrada da sala de treino havia uma porta, na qual foi colocada uma lista que continha o nome do praticante e número da caixa ao qual ele deveria se posicionar e ficar aguardando mais instruções (sem tocar na mesma).

Todos aguardavam ansiosos no portão principal de entrada da escola. Praticantes, familiares, amigos e visitantes, em um barulho ensurdecedor. Às 8h30 abriu-se o portão principal, e como num passe de mágica um silêncio se instalou.

Todos os olhares em uma só direção, focavam aquele homem magro, 1,73 metros de altura, calvo, com vestes de características marcial. Na cintura uma faixa preta com 8 listras amarelas. Com olhar sóbrio, firme e penetrante, carregava um apito com uma corrente em volta do pescoço, um cronômetro na mão direita e um papel na mão esquerda.

– Nossa! O Mestre não é chinês e nem é um homem robusto – comentou, de repente, uma voz vinda de trás, como um rompante.

Sem dar muita importância, Shifu Erich anuncia a todos:

– Atenção, jovens matriculados para o início das atividades, peço que todos, de forma ordenada e perfilados de preferência em fila indiana, ou seja, um atrás do outro, sigam pela escada à frente, virem o corredor à direita, onde haverá uma porta fechada com uma lista fixada. Verifiquem na lista o seu nome e seu número de caixa, e esperem a Sra. Andrea abrir a sala de treino.

Após a entrada de todos os praticantes, Shifu Erich agradeceu pela presença e informou que por se tratar do primeiro contato direto (e também conforme cláusulas contratuais), a aula seria fechada ao público. O primeiro dia seria apenas para apresentação, informação, entrega de uniforme e de movimentações básicas. Explicou também que um treinamento aberto seria agendado, para que todos os interessados pudessem acompanhar. Assim, se despede e fecha a entrada principal.

Sra. Andrea abriu a sala de treino, e aos poucos, os praticantes foram de encontro a sua caixa. Um deles se aproximou da Sra. Andrea e perguntou qual seria a sua caixa. Foi então que, como um ataque rápido e veloz de um louva-a-deus mutilador, ela lhe indagou:

— Primeiramente, bom dia, prazer, meu nome é Andrea.

— Bom dia — respondeu o jovem.

— Como é o seu nome?

— Eu me chamo Ailton.

— Pois bem, Ailton, o que o Mestre falou na entrada?

— Ele falou para procurá-la.

— Tem certeza que ele não falou para ver na lista seu nome e seu número de caixa?

— Ah, é mesmo, a lista que estaria com você.

— Sabe, Ailton, muitas vezes só escutamos o que de fato desejamos escutar e nos desviamos de nossos pensamentos, nos perdendo no caminho. Por isso, esteja mais atento para obter sucesso em sua empreitada. Hoje eu estou aqui para reafirmar seu caminho, amanhã você terá só você mesmo. Agora você tem duas escolhas a seguir: ou você vai até a porta e vê seu nome na lista, ou percebe que durante este tempo de conversa todos os discípulos já estão diante de sua caixa e só resta apenas uma, à espera de seu dono.

Quando o Shifu Erich entrou na sala de treino, viu todos os praticantes alinhados, cada qual em seu lugar, diante de sua caixa (devidamente na formação, conforme havia planejado). Diferentemente do que viu do lado de fora, o silêncio era absoluto. Todos os praticantes observavam atentamente o Mestre, que se dirigia rumo a um palco de 2,30 x 1,80 metros.

Durante o trajeto, Shifu Erich escutava a respiração dos praticantes, via os olhares de admiração, alguns de curiosidade, outros desviados. O silêncio era tanto que, por força de expressão, podia-se escutar as batidas de seus corações em uma sinfonia, por todo o percurso.

Ao subir no palco e visualizar cada uma das colunas, Shifu Erich cumprimentou novamente todos os presentes, agora de uma forma pouco conhecida entre os praticantes: uma saudação feita com os pés unidos e as pernas bem juntas e estendidas, com a mão direita fechada em forma de soco e a mão esquerda aberta com os quatro dedos unidos e totalmente estendidos, com o polegar levemente flexionado.

Neste cumprimento, chamado Bào Quán Lǐ (抱拳礼), a mão fechada significa a força e o Sol, enquanto que a mão esquerda, por ter o dedo polegar abaixado como uma pessoa se curvando, representa a Lua e o princípio da humildade. Os dedos restantes da mão esquerda representam mais quatro princípios, as quatro educações que são compreendidas.

O princípio do dedo indicador representa a educação moral. O princípio do dedo médio significa a educação intelectual, o estudo, a arte, e os conhecimentos. O dedo anular representa o princípio da educação física e marcial. Por fim, o quinto princípio no dedo mínimo, a educação social.

A mão direita vai de encontro com a palma da mão esquerda até encostar uma na outra, deixando os dedos da mão esquerda cair levemente sobre a mão direita.

Bào Quán Lǐ (抱拳礼) ou Jìnglǐ (敬礼)

Esta saudação não só é feita para indicar respeito e equilíbrio para com o oponente, como também outro traço marcante, que representa que a força sem os cinco princípios não é nada.

– Bom dia – diz o Shifu, e é então rapidamente respondido.

Em seguida, perguntou para todos os presentes, quem havia cumprimentado a Sra. Andrea após a abertura e entrada na sala de treino. Como esperado, ninguém se manifestara, mas quando Shifu Erich estava prestes a iniciar um novo diálogo fora surpreendido pelo discípulo da caixa número 035, que falou bem alto:

– Eu a cumprimentei, dando-lhe bom dia, foi a primeira coisa que fiz, Mestre!

– Parabéns, meu jovem – disse, sorrindo, o Mestre. – E como você se chama?

– Eu me chamo Ailton, Mestre!

– Pois bem, Ailton, sabe o que mais se vê no dia a dia? Pessoas, que no seu próprio convívio ao acordar e se levantar, passam diante de seus familiares e até mesmo dos empregados de sua residência, e tratam a todos com indiferença, praticamente como se não houvesse ninguém ali. Realizam suas atividades de forma mecânica, sem expressar nenhum tipo de sentimento ou consideração pelas pessoas presentes no ambiente, e este será o meu papel, de transformação, para agregar valores na vida de cada um de vocês. Esta é uma das características presentes e predominantes da prática marcial.

E o Mestre continuou, dizendo:

– A partir de hoje, vocês terão de estar com a mente aberta para o novo, ter em mente que somos todos seres humanos, que acreditamos piamente nas crenças que nos autoimpomos e em que nos embutimos desde pequenos, mas principalmente estarem antenados em tudo o que está a sua volta. O detalhe não visto poderá ser o golpe do adversário, que usou sua desatenção para se sobrepor. Mexerei no seu emocional, no limite do seu corpo na busca da superação. Não haverá espaço para dúvida, a técnica terá que fluir no tempo certo, com a pessoa certa.

Dando continuidade, o Shifu perguntou para a discípula da caixa número 013:

— Minha jovem, como você se chama?

— Margaret! — a jovem responde.

— Margaret, bonito nome. Me faz lembrar de uma pessoa de muita fibra. Você poderia dizer o meu nome completo?

— Desculpa, senhor, agora fiquei nervosa e não lembro mais nem do seu primeiro nome... E de verdade, só sabia o primeiro.

— Me chamo Erich Luiz Meirelles e gostaria, se possível, que vocês me chamassem de Shifu Erich — disse o Mestre, a todos. — Serei o responsável técnico da formação de vocês. Terei ajuda permanente da Sra. Andrea, e estaremos abertos para receber dúvidas, críticas e sugestões, que venham a somar.

O Mestre seguiu dizendo:

— Não poderia deixar de comentar que a vida é um processo constante de relacionamento e deixar de fazer uma mínima pesquisa para obter informação sobre alguma coisa ou algum local ao qual queremos pertencer levará vocês a incorrer na famosa mesmice. Podemos citar um exemplo comum em nossa sociedade: muitos profissionais que veem anúncios nos classificados de jornais, com um excelente valor de salário, benefícios, mas não se preocupam em conhecer a história da empresa, seu ramo de atuação, sua participação de mercado, sua projeção de crescimento e até mesmo se tem a ver com o seu próprio crescimento. Praticamente visualizam o salário e ficam se lamuriando por não serem contratados. Porém, quais foram seus verdadeiros esforços? Talvez o de se atirar de cabeça, como um soldado que entra em uma batalha com sua linda arma, mas se esquece de levar a munição, deixando a renúncia da própria vida, em um destino incerto.

Por fim, o Mestre virou-se novamente para a aluna e disse:

– Desculpo você, Margaret, mas que este ensinamento não fique em vão.

Para dar início às atividades, o Shifu solicitou que fosse aberto o lacre da caixa que estava à frente de cada um e que pegassem o primeiro item da sequência: a carteirinha.

– Ela será seu passaporte, e também o veículo de comunicação entre o associado e a escola – disse o Shifu.

Na carteirinha de associado constava informações sobre a escola (número do telefone, e-mail, site, lema e slogan da AAMSKF), as obrigações do associado, a Federação a qual o associado pertence, a data do pagamento, o valor a ser pago mensalmente e o número de associado.

– Notem que o seu número de associado deve ser o mesmo número que consta na caixa à sua frente, verifiquem na parte de trás da carteirinha se esta informação está correta. Logo acima constam as quatro obrigações do associado, que deverão ser decoradas para serem respondidas prontamente quando perguntado.

Neste momento, o Shifu pediu para os alunos lerem em voz alta as quatro obrigações como início da primeira atividade:

1. Treinamos para o bem do corpo e equilíbrio da mente.
2. Cultivamos a paz e a amizade.
3. Cumprimos os regulamentos e obedecemos nossos professores.
4. Responsabilizamo-nos pelas técnicas a nós ministradas.

Logo após, o Shifu explicou:

– Muito bem. Agora observem que no item 3 fala-se em regulamentos, assunto que também será abordado por mim hoje, tendo em vista mostrar a sua utilização para termos um bom andamento, harmonioso e respeitoso. O lema da escola está situado logo abaixo – continuou explicando – e não poderemos confundi-lo com o item 1 das obrigações do associado. Vamos todos então ler em voz alta.

– Para o bem do corpo e equilíbrio da mente – leram os alunos.

O mesmo se deu com o slogan da escola:

– O ideal bem perto de você.

– Será obrigação de vocês memorizarem todos estes itens já comentados por mim – disse o Shifu. – Darei um prazo curto para os discípulos fixarem, que está estipulado para o próximo dia de aula. Ou seja, até amanhã.

O Mestre explicou também que todos deveriam comparecer às aulas com a carteirinha em mãos, pois, como havia dito de início ela seria o passaporte para iniciar as atividades. Sem a mesma o associado ficaria impedido de fazer qualquer tipo de atividade.

– Podemos pegar agora o segundo item da caixa, o uniforme – orientou o Shifu a seus discípulos.

O uniforme padrão, que fora confeccionado para ser utilizado inicialmente para a prática, era composto de cinco itens:

1. Camisa branca, com a logomarca (brasão) da escola estampada
2. Calça preta
3. Faixa branca
4. Meias brancas (sempre deveriam ser utilizadas meias brancas)
5. Sapatilha tradicional chinesa

– Para finalizar, apenas um lembrete a ser dado – disse o Mestre. – Estes uniformes deverão ser utilizados rigorosamente, conforme regulamento interno número 6, que diz: É proibido treinar com uniforme incompleto, sujo, malcheiroso ou ainda rasgado.

Exibindo a folha que trazia na mão, o Shifu continuou:

– Esta folha de papel A4 é o terceiro item. Nela, está impressa sua tabela de horários para as atividades do dia. Solicitarei para que esta folha seja fixada em local visível, pois meu limite de tolerância para atraso será de 30 minutos de antecedência do horário preestabelecido para iniciarmos as atividades. Repito: 30 minutos de antecedência, este é o tempo que já tenho de expectativa da sua chegada, isso sem contar a ansiedade em que já estarei. Não quero ter nenhum discípulo que falte com suas responsabilidades e que não assuma atitudes já firmadas – continuou dizendo. – Não podemos aceitar falta de compromisso, como desmarcar uma consulta médica porque está chovendo, não ir ao dentista por mera preguiça, não comparecer em uma festa de um parente ou até mesmo de um amigo próximo inventando motivos que só você é quem de fato acredita ter convencido. No fundo, todos conhecem quem você é, fazem piada sobre você, criam bordões e fazem chacotas do tipo: marca com certeza e falha na certeza. Caros discípulos, saibam que espero que o caráter granjeie o respeito devido não só ao meu trabalho, como o dos outros, e espero ser bem compreendido por vocês.

Para terminar, o Mestre citou mais duas frases:

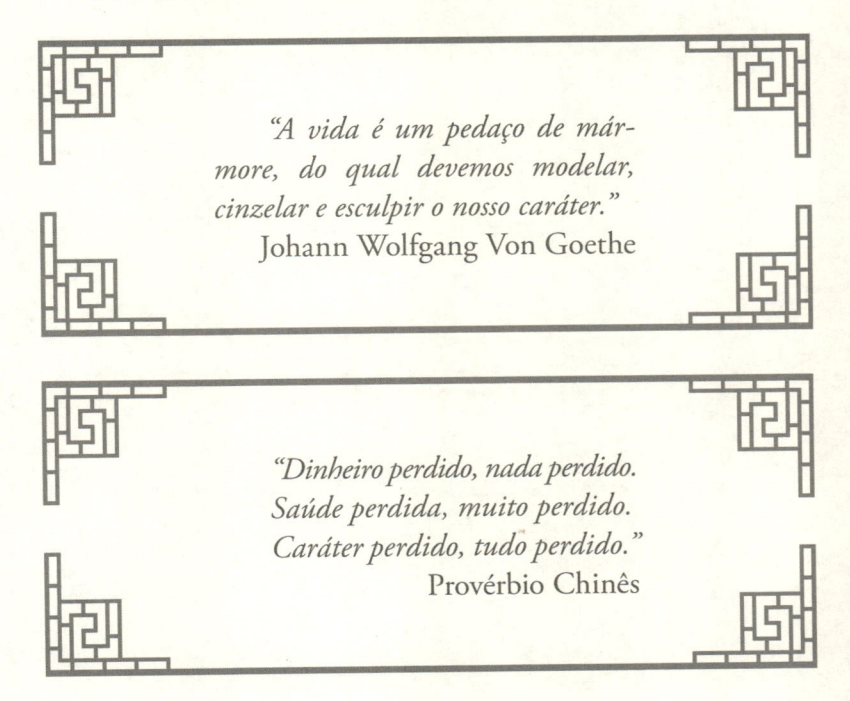

> *"A vida é um pedaço de mármore, do qual devemos modelar, cinzelar e esculpir o nosso caráter."*
> Johann Wolfgang Von Goethe

> *"Dinheiro perdido, nada perdido.*
> *Saúde perdida, muito perdido.*
> *Caráter perdido, tudo perdido."*
> Provérbio Chinês

Capítulo 3

O Kit do Praticante

Para finalizar o processo de abertura das caixas ainda faltava o quarto e último item: o Kit do Praticante. O Shifu seguiu dizendo:
– Peço que todos peguem dentro de sua respectiva caixa o envelope vermelho onde está escrito Kit do Praticante. Quando todos já estiverem em posse do mesmo, informarei em qual ordem as caixas devem ser abertas.

A sala de treino foi dividida em sete colunas verticais, tendo em cada uma delas sete pessoas. Cada uma das colunas representava um grupo, e os sete grupos foram nomeados como mostrado na tabela a seguir.

Número	Nome do grupo	Alunos
1	Grupo União	1 a 7
2	Grupo Evolução	8 a 14
3	Grupo Atitude	15 a 21
4	Grupo Desempenho	22 a 28
5	Grupo Cooperação	29 a 35
6	Grupo Qualidade	36 a 42
7	Grupo Conduta	43 a 49

Após ter explicado como os grupos eram formados, o Shifu pediu para que o primeiro grupo, o "Grupo União", iniciasse o processo de abertura dos envelopes vermelhos. Os alunos deveriam retirar a folha de papel A4 e, seguindo a ordem numérica dos participantes, apresentar-se a todos dizendo o seu número, seu nome e do que era composto o seu Kit do Praticante.

– Meu número é 01, me chamo Sandy, e não compreendi direito se é isso mesmo que está escrito neste papel. Uma vassoura?!

– É isso mesmo, minha jovem – disse o Shifu, e pediu para o próximo da sequência se apresentar.

Com ar de espanto e franzindo a testa, o aluno seguinte fez a leitura, adicionando um longo comentário.

– Meu número é 02 me chamo Wellington. Você está de brincadeira, o que significa isto? A mocinha tirou uma vassoura, e eu água sanitária? Creio que me matriculei para aprender arte marcial tradicional chinesa, especificamente Kung Fu, quando paguei mensalidade foi para isso. Eu não quero me submeter a nenhum tipo de constrangimento. Imagine, agora só falta você dizer que limparei banheiros! Se for isso, estou fora.

Quando Shifu ia iniciar a fala, foi interrompido abruptamente pela aluna Sandy:

– Olha, eu não faço nada nem na minha casa, sequer arrumo minha cama. E pelo andar da carruagem praticamente estou me vendo segurando uma vassoura para fazer algum tipo de atividade que até então desconheço. Isto não faz parte da minha rotina e nem quero. Mestre, na boa, meus pais fizeram minha inscrição porque eles reclamam demais de mim, que só fico no computador e videogame, e precisava fazer algo urgente para sair do sedentarismo, então aceitei para descontrair. Mas sabe, esse negócio de vassoura está meio estranho.

Sandy é um típico exemplo do quadro mais comum dos dias de hoje. Filha única, os pais fazem de tudo para lhe agradar. Nunca nada está bom para ela. Suas atitudes são infantis, não só pela pouca idade, mas também por falta de se socializar, pois mora em condomínio sem crianças de sua faixa etária para brincar e, devido à violência urbana e à falta de segurança nas cidades, os pais a impedem de brincar na rua (conforme já haviam comentado previamente com o Mestre).

Já Wellington, veio sozinho. Como um raio precedido de um trovão, nem precisou dizer a que veio. Estava bem claro: "Eu pago e você executa o seu serviço", só que teria de ser pelo "Sistema Wellington de Ensino". Assim, vendo que não se adaptaria, já tinha escolhido o seu próprio caminho: o de pular fora. Só permaneceu para escutar o que o Mestre tinha para falar.

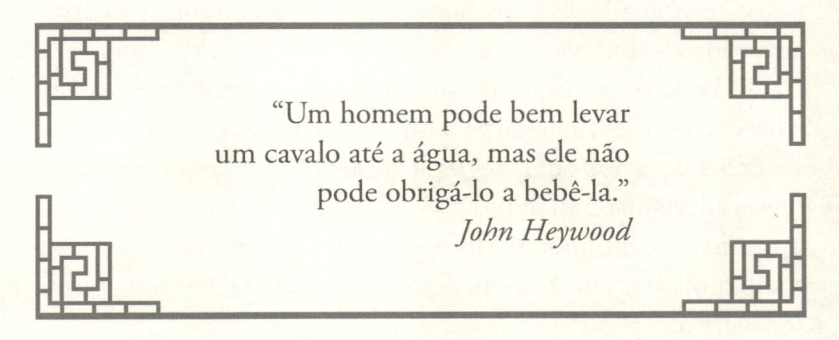

"Um homem pode bem levar
um cavalo até a água, mas ele não
pode obrigá-lo a bebê-la."
John Heywood

Shifu Erich percebeu a crise que fora instalada com apenas a abertura de dois envelopes. Ele teria que gerenciar estes conflitos de forma inteligente e esclarecedora, pois via que o medo do sofrimento em seus discípulos vinha quando não compreendiam a própria dor, e isso os dilacerava.

Ele precisaria fazer com que os discípulos entendessem seus fins e mostrar que tudo era um entrelaçado de situações ruins e boas durante o aprendizado, que todas estas variáveis seriam importantes ao longo do desenvolvimento e que nenhuma seria melhor que a outra, pois todas eram necessárias para o crescimento de seus discípulos.

Então, olhando para sala de treino, Shifu Erich perguntou:

– Por que estamos todos juntos nesta sala de treino?

– Para aprendermos Kung Fu – responderam os discípulos.

– Isso, muito bem. Agora vamos imaginar que cada um dos 49 discípulos presentes, em um passe de mágica, se transformasse em uma árvore. A partir daí, vocês entenderiam por que estando todos juntos, no mesmo propósito, ajudaríamos uns aos outros a se proteger e crescer.

O Mestre explicou que para uma árvore sozinha, muitas vezes não é necessário um furacão para arrancá-la do solo. Bastaria uma tempestade sobre ela e seria seu fim. No entanto, estando juntas, suas raízes se entrelaçam, unindo-se umas às outras e obtendo força e poder para enfrentarem as crises e adversidades que possam aparecer.

– União. Era exatamente isso que eu esperava de vocês. Mas em vez disso só escutei lamúrias e lamentações. Uma falta de controle emocional, seguida de um total despreparo para novas adversidades. Na luta, vocês sofrerão provocações do seu oponente – continuou o Shifu – e terão que se sobrepor com a razão, pois este é o ajuste perfeito entre mente e corpo em uma só sinergia.

O Mestre não poderia deixar que o oponente mexesse com seus egos, e para isso eles teriam sim que limpar banheiros, escadas, recolher lixo, limpar a sala de treino, treinar e assim aprenderiam a controlar o incontrolável.

Ele sabia, porém, que existem árvores que se destacam por ser a maior de todas, mas se esquecem que no passado já foram uma semente tão pequena como todas as outras. A soberba não lhes permite unir-se, criar raízes, preferindo assim se manterem distantes e solitárias, alienadas a tudo, sem compreender nada.

– Pois saibam que a mágica acabou, e a vida é assim. Enquanto você quer ser alguém, alguém quer ser você. De fato, estou buscando discípulos, pessoas que acreditam em si mesmas e em sua capacidade, sem quaisquer questionamentos e limitações. Discípulos que enxerguem que em tudo há um aprendizado. Existem muitos lugares que ensinam a chutar e socar, mas aqui, sem sombra de dúvidas, teremos o diferencial em tornarmo-nos a cada dia pessoas mais maduras e capazes de fazer acontecer aquilo a que nos propusermos.

Logo após, o Mestre pediu para que as apresentações de cada discípulo fossem retomadas, seguindo as mesmas ordens já estipuladas (primeiro apresentar-se com seu número, seu nome e o que compunha o seu Kit do Praticante), formando assim a composição de cada grupo como comentara logo de início, e podendo assim dar prosseguimento a novas atividades.

– Gostaria também de deixar bem claro que ninguém o estará forçando a continuar aqui. Esta será uma escolha para um novo propósito de vida, caberá a vocês prosseguir ou desistir – disse o Shifu Erich.

Após a apresentação de todos os integrantes e da formação dos grupos, foram definidos seis grupos que atuariam em tarefas, enquanto que o grupo restante fiscalizaria o andamento dos trabalhos preestabelecidos. Também ficou acordado que, no primeiro dia de cada semana, os grupos alternariam as tarefas. O Grupo 7, que estava fiscalizando, iria para o lugar do Grupo 1. O Grupo 1, por sua vez, iria para o lugar do Grupo 2, e assim sucessivamente, remanejando todos para novas atividades, tudo transcorrendo de uma forma igual para todos, e assim viesse a satisfazer a todos os grupos e seus participantes, de uma forma que nem gregos nem troianos pudessem reclamar.

– Para liderar é preciso passar por cada etapa constantemente, e o remanejamento das rotinas de trabalho será sempre aplicado para aperfeiçoar e melhorar o seu local de trabalho e a si mesmo. Por que as pessoas têm o péssimo hábito de se acomodar no cargo em que ocupam, fixando-se como um prego enferrujado que contamina o que lhe circunda, um prego sem visão, sem propósito de mudança de crescimento, atrapalhando inúmeras atividades durante a execução das rotinas no trabalho, agindo de forma arcaica, sem abertura para o novo? A história que contarei agora – continuou dizendo o Mestre – nos reporta ao sucesso de um número incontável de pessoas que conhecemos em vários segmentos de atuação profissional e pessoal. Pessoas que tinham, aparentemente, tudo para dar errado na vida, mas acabaram atingindo os mais altos patamares do sucesso porque sabiam que teriam que acreditar em seus sonhos. Contarei para vocês sobre a história do bambu chinês.

O Bambu Chinês

No Monastério de Fukien, na costa sul da China, o Shifu Wang se pôs a realizar uma nova atividade com seu discípulo. O tema escolhido a ser abordado seria sobre a paciência.

Então, ordenou o jovem discípulo a plantar uma muda de bambu chinês, e orientou ao jovem que, todos os dias sem falta, no período da tarde, observasse o plantio e lhe contasse o que via. O jovem discípulo se predispôs prontamente a cumprir todas as orientações do Shifu Wang, pois queria se tornar sábio como ele.

Passados doze meses, o jovem discípulo nada notava de diferente na área plantada, e como ia todos os dias começou a se incomodar com a situação. Cansado de manter aquela rotina, foi até o Shifu Wang e perguntou:

– Shifu, lhe admiro por saber que é um dos homens mais sábios do Monastério de Fukien. Fico grato por ter me escolhido para me ensinar e ando observando há 12 meses a área plantada e logo ao sair venho lhe informar que nada vi. Shifu Wang, vejo que você ouve sempre as mesmas informações que venho lhe contar há 12 meses. Estas informações não o importunam?

– Suas informações são verdadeiras, então por que me importunaria se foram por mim solicitadas?

Sem encontrar a resposta que esperava receber do Shifu, o jovem prefere continuar na sua jornada de observação sem perguntar mais nada, com medo do Shifu desistir dele, achando que ele fosse um tolo. Porém mais 12 meses se passaram, e toda aquela rotina lhe atormentava e precisava expor ao Shifu seus pensamentos referentes aos ensinamentos adotados por ele. Era preciso indagar ao Shifu sobre a tarefa que havia recebido e então perguntou-lhe:

– Shifu Wang, desculpe-me por indagar-lhe sobre seus ensinamentos, mas já se passaram 24 meses que observo o plantio e a muda até agora sequer brotou. Não me lembro de ter ouvido sua solicitação para que eu regasse aquela muda, ela não teria secado, Shifu? Será que aquela área não era infértil, imprópria para o cultivo? Talvez algum inseto a devorou?

Shifu olhou para um lado depois para o outro, deu uma leve coçada em sua nuca, fitou o jovem discípulo com um olhar penetrante e disse-lhe:

– Sabe, meu jovem, vejo uma completa impaciência, própria da pouca idade que tem. Peço que olhe ao redor e veja a força da terra e o poder da sua fertilidade, esqueça este negócio de insetos devoradores, passe a avaliar seus questionamentos porque sua pressa é grande e o impedirá de enxergar o que está diante de seus olhos.

O jovem discípulo resolveu calar-se e não questionar mais, mantendo-se em sua disciplina diária, até segunda ordem.

Ao completar 5 anos de uma constante disciplina, o jovem discípulo observou que um pequeno talo verde despontara por entre a terra. Radiante com o que viu, saiu em disparada ao encontro do Shifu.

– Ela brotou hoje, ela é linda, verde, cheia de vida, ela está lá e acabara de sair do fundo da terra. Então, como pude julgá-lo em todos estes anos, Shifu? Fiquei pensando que me fazia de tolo.

Shifu, com um leve sorriso nos lábios disse:

— Meu jovem, tenho algo a dizer que não havia comentado. Aquela muda plantada por você de fato não vingou só hoje, ela vingou no dia seguinte quando suas raízes começaram a crescer. Pois ela ficou 5 anos afundando suas raízes que se tornaram fortes e lhe deram o necessário para sobreviver. Esta muda que hoje saiu passará do tamanho do Monastério e atingirá até 25 metros de altura.

— Certa vez — o Mestre começou a explicar —, um escritor de nome Stephen Covey escreveu:

"Muitas coisas na vida pessoal e profissional são iguais ao bambu chinês. Você trabalha, investe tempo, esforço, fazendo tudo o que pode para nutrir seu crescimento e, às vezes, não vê nada por semanas, meses ou anos. Mas se tivermos paciência para continuar trabalhando, persistindo e nutrindo, o seu quinto ano chegará e, com ele, virão um crescimento e mudanças que você nunca poderia imaginar..."

— O bambu chinês nos ensina que não devemos desistir facilmente de nossos projetos fabulosos, que envolvem mudanças de comportamento, de pensamento, de cultura e de sensibilização na busca de nossos sonhos. Devemos sempre lembrar do bambu chinês para não desistirmos facilmente diante das dificuldades que surgirão. Procure cultivar sempre dois bons hábitos em sua vida: a persistência e a paciência, pois você merece alcançar todos os seus sonhos! É preciso muita fibra para chegar às alturas e, ao mesmo tempo, muita flexibilidade para se curvar ao chão – disse o Mestre. – Nunca se arrependa de um dia de sua vida. Os bons dias dão felicidade. Os maus dão experiência. Ambos são essenciais para a vida. Sempre persista!

Shifu Erich comentou com os seus discípulos que muitas vezes abdicamos muitos esforços e perdemos noites e noites de sono se preparando para prestar um concurso público, cursar uma boa universidade, e então nos deparamos com a reprovação ao qual tanto se deu.

Ele explicou que, basicamente, é exatamente nesse ponto onde entra a força interior de cada um. Sabemos que muitos desistem e desacreditam, interrompem a luta, jogam a toalha antes mesmo de tentar mudar o quadro. Criam novas versões, que justifiquem suas mudanças de caminho, para que ninguém enxergue a sua mudança de propósito.

Porém, essas pessoas esquecem que nem tudo se resume em vitória. Ganhar uma luta, ser aprovado em um concurso ou universidade, tudo isso faz parte de toda uma trajetória.

– Lembrem-se que a reprovação não é o fim, mas sim parte integrante de etapas cumpridas que trouxeram experiências vividas por você. Continue com a mesma obstinação, mantenha-se no mesmo caminho, pois poucos têm dentro de si a disciplina e a determinação de alcançar o que almejam.

Vimos na história que, mesmo relutante e questionando os propósitos do seu Shifu, o discípulo persistiu mantendo-se firme durante todo esse tempo na mesma caminhada, criando raízes com seu aprendizado.

Shifu Wang sabia que seu discípulo só tinha olhos para vitória. Sabia também que o jovem acreditava que durante a caminhada nada estava acontecendo, criticava e discordava de seu método de ensino, achando que não saía do lugar.

Cada milésimo de segundo de noite de sono perdida vale por alguns milésimos de centímetro de raiz. Muitas vezes achamos que não estamos saindo do lugar, parece até que não estamos evoluindo, mas não podemos nos enganar: a raiz cresce lentamente e pacientemente, com base forte e sólida.

Para terminar, Shifu Erich mostrou o quadro de regulamento interno, que os discípulos haveriam de utilizar para manter um bom andamento das aulas, de forma harmoniosa e respeitosa.

– Será também obrigatório memorizarem todos estes itens. Para este processo de memorização serão utilizados 11 dias, os quais leremos esses regulamentos ao final da aula. Esse é o prazo para vocês fixarem em suas mentes – disse o Mestre.

Regulamento Interno:

1. Cumprimentar professores, instrutores, auxiliares e todos os discípulos presentes na forma tradicional.
2. Participar o professor ou o instrutor ao entrar ou sair da sala de treinos.
3. Cruzar as pernas quando sentar na sala de treinos.
4. Acatar as ordens dos instrutores e auxiliares.
5. Respeitar superiores e subordinados dentro das graduações do estilo.
6. É proibido treinar com o uniforme incompleto, sujo, malcheiroso ou ainda rasgado.
7. É proibida a permanência de discípulos na secretaria, sem justa causa, tendo em vista facilitar o atendimento a visitantes.
8. É proibido fumar no ambiente da associação.
9. Não treinar com unhas compridas, anéis, correntes e objetos cortantes, e nem mascar chicletes ou balas durante os treinos.
10. Não fazer lutas sem a presença do professor ou instrutor.

11. Não tocar nas armas e nem treinar com as mesmas sem permissão.

As expectativas do Shifu Erich, quanto ao impacto causado pela quantidade de informações passadas durante a abordagem na recepção dos jovens discípulos aprendizes em apenas um único dia, remetiam a várias indagações na construção do seu pensamento:

– Será que haviam assimilado tudo o que ele falou?

– Como o que ele falou teria refletido em cada um?

– Conseguiram compreender que estavam iniciando algo novo em suas vidas?

– Entenderam que existia, dentro disso tudo, uma proposta filosófica?

Eram muitas perguntas que atormentavam a cabeça do Shifu Erich. O que restava naquele momento era aguardar ansiosamente o retorno dos jovens, para o próximo dia de aula e sanar todas as suas dúvidas de uma só vez.

Capítulo 4

A Primeira Aula

No dia seguinte, um domingo, Shifu Erich iniciaria o primeiro dia de treino e tinha a dura missão de ensinar para seus discípulos todas as tarefas do Primeiro Estágio, a Pré-fase da Primeira faixa (Faixa Branca), composta de:

Ginástica:
– Preaquecimento
– 20 Polichinelos
– 3 Flexões Palma
– 3 Flexões Ponta de Dedo
– 3 Flexões Punho no Solo
– 6 Moinhos (3 para cada lado – abre em cima, fecha embaixo, inverte)
– 10 Abdominais Somente Tronco
– 5 Abdominais Laterais (perna direita sobre a esquerda, mão direita estendida palma da mão no solo, mão esquerda atrás da nuca, depois inverte)
– 20 Abdominais Tronco e Joelho
– 3 Barriga no Solo Eleva Braços e Pernas
– 3 Barriga no Solo Entrelaça a Mão Atrás da Nuca e Eleva as Pernas
– 3 Barriga no Solo Segura o Tornozelo e Tira as Pernas e Tronco do Solo

– 2 Respirações
– 30 Socos Frontais
– 10 Socos Duplos (5 Braço Esquerdo e 5 Braço Direito)
– 10 Socos Triplos (5 Braço Esquerdo e 5 Braço Direito Simultâneos)
– 5 Abertura Frontal Guarda n° 2
– 5 Abertura Frontal Guarda n° 3
– 5 Abertura Frontal Lateral de Dentro para Fora Guarda n° 2
– 5 Abertura Frontal Lateral de Dentro para Fora Guarda n° 3
– 5 Abertura Frontal Lateral de Fora para Dentro Batendo na Palma da Mão Guarda n° 2
– 5 Abertura Frontal Lateral de Fora para Dentro Batendo na Palma da Mão Guarda n° 3

Técnica:
– Posturas Básicas
– Guardas Paradas
– Guardas e Viras
– Guardas e Esquivas
– Guardas Mistas
– Guardas Completas

Chaves:
– Defende Orelha
– Gancho
– Chute na Canela
– Machado
– Empurra Portão
– Abre Janela
– Limpa Visão
– Quebra Pedra
– Chute Soco
– Fecha Janela

Resistência:

01:30 Minutos na Posição do Cavalo
01:30 Minutos na Posição de Crucifixo

As tarefas, na verdade, não eram muito complexas e as pessoas tinham faixas etárias bem próximas, porém elas formavam um público bem heterogêneo. O Mestre teria que manifestar suas aptidões e construir ações motoras, pois sabia que as capacidades constituem a base de todas as habilidades motoras de um indivíduo.

Antes de iniciar, o Mestre explicou para seus discípulos que em todo início de aula haveria um preaquecimento padrão, para que não houvesse lesões.

Colocou todos os discípulos perfilados em formação, cada qual em sua posição, subiu novamente ao palco e solicitou para que todos os praticantes se colocassem na mesma posição em que ele estava (com os pés unidos, as pernas estendidas e as mãos fechadas na cintura), dando o comando de sentido – sendo prontamente atendido por todos.

Neste momento, Shifu Erich observou o brilho no olhar de cada praticante, a ansiedade de fazer parte de algo tão novo, a curiosidade de como seria a aula. Solicitou, então, que todos se cumprimentassem da forma tradicional.

Dando início ao preaquecimento, pediu para que todos ficassem correndo no mesmo lugar, até que solicitou para a discípula número 01 que puxasse a corrida em fila indiana em torno de toda a sala de treino.

O Shifu ia passando comando por comando, observando o cansaço estampado nos rostos enrubescidos e molhados de suor dos seus discípulos, mas também a felicidade em executar os movimentos sincronizados e cadenciados. Era uma experiência única vivida por eles, a emoção tomava conta de seus corações naquela manhã de domingo.

Logo após o término do preaquecimento, enquanto os discípulos descansavam, o Shifu já foi logo explicando a importância da próxima atividade. Ela era a base do Kung Fu, a qual eles precisariam em todas as atividades.

– O nome desta técnica é Posturas Básicas – disse o Mestre.

– Neste trabalho, necessitaremos de uma base bem baixa, com contagem, ritmo e cadência. Vamos executá-la juntos, a partir de agora.

Posturas Básicas:

Inicia na posição de Sentido, com as mãos fechadas na cintura

(Executa a sequência para o lado esquerdo)
Fala "**um**" e repete a sequência dizendo "um – cavalo"
Fala "**dois**" e repete dizendo "dois – gato"
Fala "**três**" e repete dizendo "três – arco e flecha"
Fala "**quatro**" e repete dizendo "quatro – gato"
Fala "**cinco**" e repete dizendo "cinco – cavalo"
Fala "**cruza**" e cruza a perna direita atrás da esquerda
Fala "**vira**" e vira caindo no cavalo
Fala novamente "**cruza**" e cruza a perna direita atrás da esquerda
Fala novamente "**vira**" e vira caindo no cavalo

(Executa a sequência para o lado direito)
Fala "**um**" e repete a sequência dizendo "um – cavalo"
Fala "**dois**" e repete dizendo "dois – gato"
Fala "**três**" e repete dizendo "três – arco e flecha"
Fala "**quatro**" e repete dizendo "quatro – gato"
Fala "**cinco**" e repete dizendo "cinco – cavalo"
Fala "**cruza**" e cruza a perna esquerda atrás da direita
Fala "**vira**" e vira caindo no cavalo
Fala novamente "**cruza**" e cruza a perna esquerda atrás da direita
Fala novamente "**vira**" e vira caindo no cavalo

(Finalização)

Fala "sentido" voltando na posição inicial, com as mãos fechadas na cintura

Fala o nome do exercício: "Posturas básicas"

Para o leitor ter uma melhor compreensão de toda esta movimentação, segue imagens dos movimentos listados anteriormente

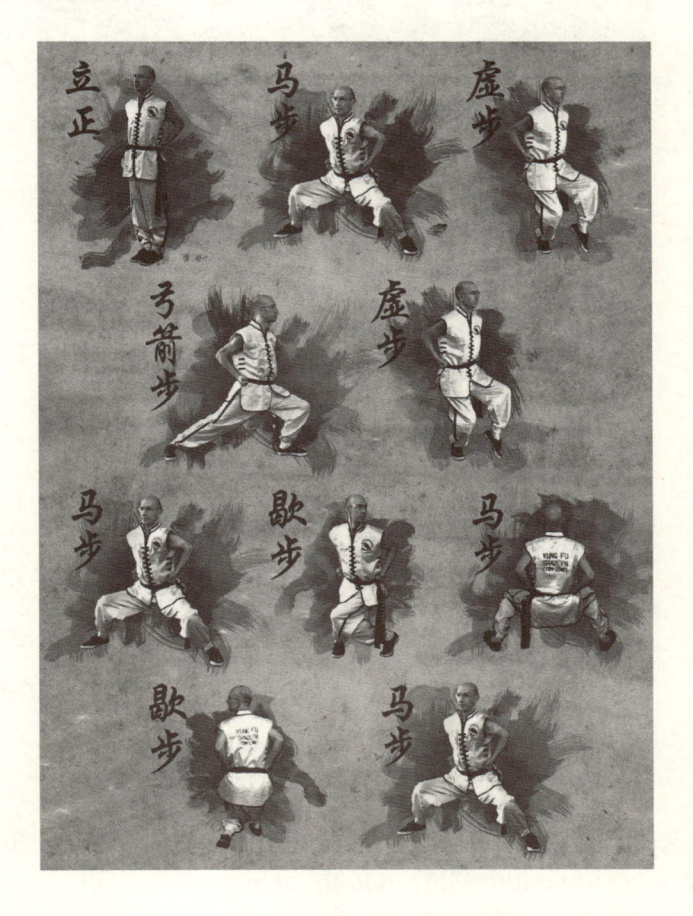

Posturas Básicas: Início do Exercício e Primeira Sequência
(iniciando para o lado esquerdo)

Posturas Básicas: Sentido ou Lì Zhèng (立正), Cavalo ou Mǎ Bù (马步), Gato ou Xū Bù (虚步), Arco e Flecha ou Gōng Jiàn Bù (弓箭步) e Cruza ou Xiē Bù (歇步)

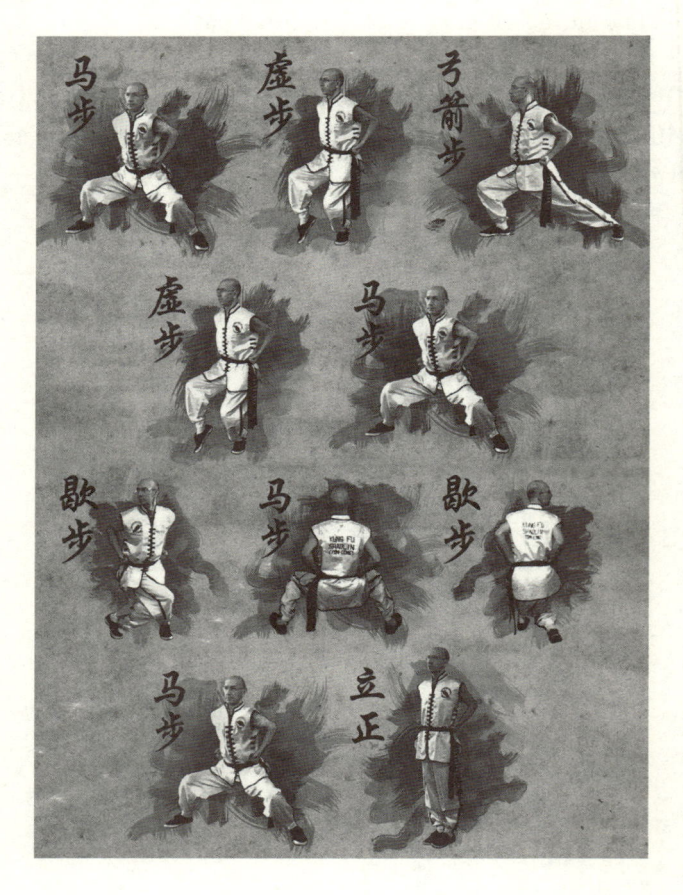

Posturas Básicas: Segunda Sequência
(feita para o lado direito) e Finalização

Após realizar doze séries consecutivas do exercício junto com seus discípulos, Shifu notou que na quinta e sétima colunas haviam dois japonesinhos, que tinham as pernas trêmulas de tanto esforço despedido para manter-se com a base baixa.

Shigueiro e Hiroshi eram gêmeos univitelinos, ainda crianças nipo-brasileiras, recém-chegados do município de Londrina, ao norte do estado do Paraná. Eram muito educados, sérios e reservados, seus olhos eram pretos e bem puxados, rostos ovalados, redondos e estreitos, cabelos lisos e pretos.

Shigueiro sempre trazia consigo várias histórias em quadrinhos (mangás), enquanto Hiroshi gostava de jogar seu videogame portátil.

O Shifu sabia que a dedicação e o empenho nos treinos eram traços marcantes desta cultura e a forma como eles executavam os exercícios incentivaria todos os outros, quase de forma persuasiva.

A ideia do Shifu consistia em manifestar em seus discípulos, num primeiro momento, a "compreensão do conhecimento", o processo de assimilar o que está sendo transmitido em aprender, repetindo os movimentos inúmeras vezes. Assim, seus discípulos iriam adquirir equilíbrio, concentração, enrijecimento muscular, coordenação, reflexo, noção de espaço, lateralidade, tempo de resposta, domínio corporal e marcial. Shifu sabia que não havia nada mais curativo do que rir das próprias dificuldades em executar de forma prazerosa e desafiadora, superando os obstáculos.

– As técnicas empregadas terão que fluir em fração de segundos sem pestanejar – disse o Mestre. – Vocês já usam várias destas técnicas, só não notam. Vejam o exemplo clássico de parar para pegar um ônibus: você vê o letreiro com o itinerário para o qual deseja se deslocar e em uma fração de segundo BUM! Flui uma técnica já assimilada por você, rápido seu braço se estende dando comando em forma de sinal, compreendido pelo seu receptor.

Outro exemplo é quando começamos a dirigir automóveis: tudo parece ser muito complicado e nossa atenção parece ser requisitada ao máximo. Você precisará rapidamente pisar no freio do carro para impedir uma futura colisão. Ainda na mesma conduta, depois de assimilado, você troca as marchas do carro sem se preocupar, pois, sabe o tempo exato para trocá-las.

Você foi rápido, abriu sua mente e buscou no arquivo certo, na pasta certa, no momento certo, e aplicou a técnica da forma correta, sem medo e com autoconfiança, foi ágil como esperado. Esta seria a difícil missão, fazer com que os discípulos compreendessem como se valer do conhecimento adquirido em expandir ou ampliar.

Esta percepção seria adquirida através de sua vivência cotidiana e pondo em prática, não só as suas habilidades marciais, mas o relaxamento para perceber o todo e empregá-lo de uma forma mais ampla, agindo assim eficazmente com a pessoa certa, na hora certa, e principalmente da maneira correta.

Shifu daria início em um novo trabalho, mas antes explicou para os discípulos sobre o soco, que é o ato de bater e golpear o oponente, e que haveria uma grande quantidade de alvos a serem aplicados. Começou citando alguns locais principais, como na face, no nariz, no queixo, nos rins e na cavidade abdominal. Socos nestes lugares sempre deveriam ser aplicados destinando a provocar um efeito sobre um adversário, ou simplesmente para causar dano a um oponente.

– Outro fator importante – disse o Shifu – que temos de ter em mente é que a ação e a reação são sempre iguais. Por mais estranho que possa parecer, sempre que você exerce uma força em qualquer corpo, ele exerce uma força igual e contrária em você. Se dermos um soco no saco de pancada ou em um aparador de soco, sabemos que a força que seu punho exerce será igual à força oposta exercida pelo saco de pancada ou pelo aparador de soco em seu punho. A força que atua no saco de pancada ou no aparador de soco é chamada de ação e a força que atua em seu punho, reação.

– Cada força de ação é gêmea de uma força de reação. Elas estarão atuando em corpos diferentes, mas a ação e a reação são sempre iguais. Essa é a terceira lei do movimento de Newton, e neste primeiro estágio só aprenderemos três tipos de soco. Para esta atividade será cobrado todo o conjunto: concentração, pontaria, força, contagem em cadência, velocidade e, principalmente, postura.

Shifu, para iniciar o exercício, solicitou:

– Posição do cavalo, braço esquerdo à frente, quero mil socos frontais, contando alto e forte, cadenciado, atenção...

Nisso uma voz vinda do meio fala:

– Minha Nossa Senhora, toda esta quantidade de socos? É muita agressividade, não dá para ser uns dois, já impressionaria bastante, o senhor não acha, Shifu? Porque hoje o mundo caminha cada vez mais à procura da paz interior, da busca do caminho Zen... Creio que uns dois socos já intimidariam bastante nosso oponente.

– Meu jovem, como bem me lembro, você se chama Edson – disse o Mestre.

– Isso mesmo, mas pode me chamar de Edinho.

Edson era o tipo de discípulo que todo Shifu gostaria de ter, aquela pessoa que não sabe avaliar o momento certo de levar a sério tudo com que se brinca, e também se esquece que jamais se deve brincar com tudo que é sério.

Alguns destes discípulos apresentam um traço bem marcante e peculiar nas suas atitudes de se portar, tendo o mesmo *modus operandi* em vários ambientes frequentados por eles. Por isso, adquirem adjetivos relacionados com a conotação "pau que nasce torto, morre torto".

Só que a escola de aprendizado marcial que este discípulo em específico havia escolhido seria um ótimo lugar para desempenar o seu caráter, alinhando-o novamente para o curso correto da vida.

Shifu já havia notado, em um primeiro momento, o grau de esperteza deste discípulo, e agora em seu segundo dia já botava as "asinhas de fora", discordando das diretrizes do treino, praticamente colocando-se na posição do seu Shifu, julgando o que era necessário para si e para os outros.

Este tipo de discípulo quer ser sempre o centro das atenções, então se põe a fazer graça (pois só sabe fazer isso). Acha que suas atitudes são engraçadas, e se deixam, fará anedota de tudo, estando sempre pronto para fazer brincadeiras e, logicamente, limita-se a ser aquele que torna o ambiente alegre (ou maçante).

Estes tipos de discípulos assemelham-se a um peixe, pois sem sombra de dúvida acabam morrendo pela boca. Não se contendo em dar seu "pitaco", Edson acabou prejudicando toda a turma, pois acabou municiando e ajudando o Shifu, que de imediato aproveitou a deixa com a seguinte fala:

– A pedidos do nosso colega de treino, vamos aumentar para dois mil socos. Agora, se aparecer alguém com outra brilhante ideia que venha a enriquecer nosso treino, estarei pronto a atender seus devaneios. Posição do cavalo, braço esquerdo à frente quero dois mil socos frontais, contando alto e forte, cadenciado, atenção...

Lógico que Edson passou a ser o "queridinho" de todos. As rusgas na testa e olhar penetrante de todos selaram o início de uma grande amizade.

O Notebook

Um bel# n#teb##k c#m suas 83 teclas teve, l#g# n# seu primeir# dia de funci#nament#, uma grande decepçã# c#m uma de suas teclas, que res#lveu pular f#ra d# teclad#. Ela tinha um papel c#m# t#das as #utras 82 teclas que restaram, pr#ntas para # trabalh#.

F#i dur# para # n#teb##k c#mpreender que de iníci# apenas uma nã# queria desempenhar seu papel.

C#meç#u achand# que as raz#es que # impediam de fazer parte d# teclad# geralmente advinham c#m# principal sint#ma uma simples quebra, e que levad# a assistência técnica tud# se res#lveria.

P#r #utr# lad# # n#teb##k fic#u pensand# # que ac#nteceu c#m aquela tecla, e # que fez mudarem seus #bjetiv#s, sua pr#messa de fazer parte de um t#d#, pr#messa esta feita lá n# chã# de fábrica. Seria # despertar de um c#nflit# intern# a#nde a tecla sente-se traída p#r ela mesma e c#nsequentemente ela c#meç#u, um pr#cess# de aut#julgament# #u aut#puniçã#, que inevitavelmente geram uma fragmentaçã# de sua percepçã# e de si mesma.

P#is, p#r um #utr# lad#, ela fazia parte de um t#d# e deix#u de perceber a sua imensa participaçã# na vida d# n#teb##k e de t#das as #utras teclas a# seu red#r. Nã# percebeu a falta que ela faria, # quant# ela era imp#rtante n# c#njunt# de tarefas. Desacredit#u d# seu pr#pri# p#tencial, chegand# a duvidar de suas pr#prias capacidades. Fic#u extremamente decidida em pular f#ra.

P#r #utr# lad#, será que carecia de f#rça #u até mesm# de v#ntade, em persistir em cumprir c#m # papel que ela mesma tinha decidid# desempenhar? P#rque res#lveu punir suas atitudes e passar p#r m#ment#s de desc#ntr#les em#ci#nais? Iss# tud# p#r med# de se reenquadrar, p#r med# de errar. # med# # havia impulsi#nad# a pular f#ra d#s c#mpr#miss#s firmad#s, nã# permitiu enxergar a chance de enc#ntrar a felicidade t#d#s #s dias, impedind# de se ajustar neste quebra-cabeça da vida. Nã# tend# #lh#s para prestar atençã# n# pr#xim#, passand# apenas a pre#cupar-se exclusivamente c#m seus pr#blemas, pr#curand# achar culpad#s pelas suas falhas.

Entã# # p#bre n#teb##k f#i levad# a assistência técnica. Depois disso tudo voltou ao normal. Uma nova tecla cheia de vitalidade, pronta para o trabalho, veio substituir aquela desertora.

Mas, para o notebook, isso não era algo tão normal de se aceitar. Para ele não era apenas uma simples substituição de peça, ora visto muito funcional. O que de fato estava em jogo era o total abandono em não valorizar os que lhe circundavam, a falta de compromisso de estar fazendo parte integrante de um todo e de ter visto que a tecla era responsável por prejudicar todo um conjunto, sem dar a menor importância, simplesmente por falta de percepção e medo, punindo temporariamente todo o teclado.

Moral da história: Por mais difícil que seja uma situação, não deixe de acreditar nos objetivos traçados. Para o início de uma travessia, você precisa ir além dos problemas, se sentir parte integrante. Haverá sempre uma saída. Não desista, não entregue os pontos, não pule fora, não se deixe derrotar. Persista, pois todo um conjunto necessita de você e está torcendo por você. Vá em frente apesar de tudo, creia que pode conseguir se encontrar e vencer os conflitos gerados pelo monstro chamado medo.

Mais tarde, ao terminar a aula, o Shifu pediu para os discípulos lerem em voz alta o regulamento interno número 1, de forma a auxiliar no processo de aprendizado e memorização. Todavia, todos tinham o regulamento na ponta da língua, o que mostrava o interesse comum de todos.

"Cumprimentar professores, instrutores, auxiliares e todos os discípulos presentes na forma tradicional."

– O que são instrutores e auxiliares? – perguntou o discípulo Osnir.

Osnir fazia parte de uma lista de espera e ocupou a vaga aberta por Wellington quando este desistiu. Ele era um rapaz de 16 anos, forte, cabelo castanho claro jogado para trás e ombros curvados. Em seu rosto, os traços mais marcantes eram as espinhas e os óculos que de tão grandes cobriam-lhe as sobrancelhas.

Shifu Erich notou um interesse presente no primeiro dia de Osnir, vendo que sua voz se fazia ouvir, marcando presença. Esta busca lhe agradou muito, e o Shifu explicou:

– Quando vocês efetuaram matrícula, passaram a ser para mim como discípulos, passaram a ser pessoas aptas a seguirem outrem em suas ideias, atitudes, posições e determinações. Praticamente fazem tudo e creem no que solicita seu Shifu, e querem ser iguais a ele. A partir das graduações que vocês forem adquirindo, receberão cargos de auxiliares de instrução e instrutores, até a formação na graduação de faixa preta tornando-se professores e ocupando a posição de chefe de área.

Após ter explanado a dúvida de Osnir, Shifu colocou todos os discípulos perfilados em formação, cada qual em sua posição original. Novamente, subiu ao palco e solicitou que todos os praticantes se colocassem na mesma posição em que ele se encontrava, dando o comando de sentido.

Prontamente atendido por todos, solicitou para que se cumprimentassem da forma tradicional para terminar a primeira aula e também se despedir do companheiro de treino. Neste momento, ensinou aos discípulos que, em todo processo de finalização sempre haveria um grito de saudação, onde o Shifu falaria "Fora de forma!" e os discípulos deveriam estender o braço direito para cima, com os dedos da mão fechados em forma de soco e com o punho serrado, respondendo todos juntos em cadência, "Boa!".

Esta era uma forma de afirmar que os ensinamentos foram bem compreendidos por todos e que a aula fora realmente boa.

Capítulo 5

A Limpeza Geral

Ao chegar na escola pela manhã, Shifu Erich colocou no quadro de filosofia da semana, a seguinte mensagem:

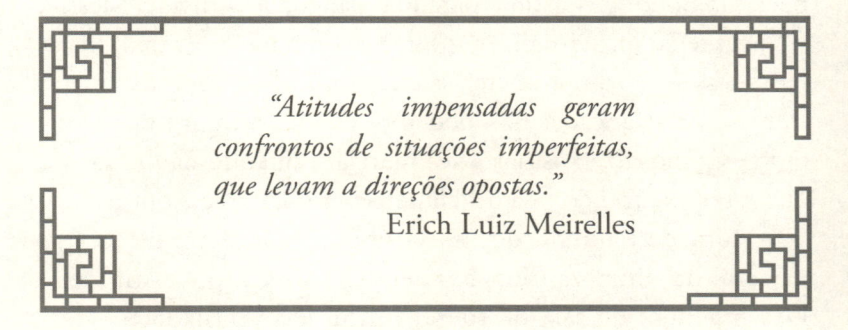

> *"Atitudes impensadas geram confrontos de situações imperfeitas, que levam a direções opostas."*
> Erich Luiz Meirelles

O terceiro dia de aula começou com todos os discípulos presentes, cada qual em seu lugar, devidamente alinhados e perfilados.

Chegara a hora do "vamos ver", de arregaçar as mangas e agir – tudo mudaria. Os discípulos foram previamente divididos em seis grupos multitarefas mais um grupo que fiscalizaria o andamento das tarefas. Todos eram também conhecedores de que, a cada semana, haveria uma troca entre os grupos, alternando suas funções.

Shifu Erich sabia que estava preparando-os para os vários quadros semelhantes no mundo empresarial. Pessoas com ótimos cargos muitas vezes sabem que existe uma tarefa a ser realizada (ou até mesmo uma difícil decisão a ser tomada) e por medo de agir essas pessoas vão sempre protelando.

O Mestre queria mostrar que a escolha de começar a arregaçar as mangas e enfrentar de vez a situação, por pior que ela pareça, sempre será melhor do que protelar. Desta forma, colocou todos os discípulos para começar a executar o serviço de limpeza. Seria um marco importante em suas vidas, e também parte da sua obra, seu afã. Portanto, deveria consistir em procurar que cada parte fosse sempre digna do todo.

– Esta atividade sempre revela que ninguém poderá ir ao lugar no qual se propõe se pretende, ao mesmo tempo, permanecer no ponto de partida, parado e estagnado – disse o Mestre. – Vocês terão que visualizar as tarefas como metas a serem ultrapassadas, sem comprometer seu desempenho. Pois sem metas claras a ser alcançadas não podemos esperar atingir bons resultados. Como dizemos nas artes marciais: quando não se sabe o que está procurando fica difícil perceber quando encontra.

Shifu determinou que os Grupos União e Evolução cuidassem da limpeza dos banheiros. Os Grupos Atitude e Desempenho, da sala de treino (incluindo ventiladores, escadas e secretaria). Os Grupos Cooperação e Qualidade, por sua vez, cuidariam da limpeza das janelas, espelhos, bebedouro e também do descarte de todos os lixos recolhidos pelos demais grupos. O Grupo Conduta então fiscalizaria e anotaria em relatório a execução de todas as atividades realizadas dentro do padrão preestabelecido e efetuaria compra para reposição dos produtos de limpeza.

O efeito da limpeza só seria descoberto na aula seguinte, que corresponderia à volta dos discípulos para o início de novas atividades. O quarto dia de aula também começou com os discípulos presentes, cada qual em seu lugar, devidamente alinhados e perfilados, porém com vários espaços não preenchidos.

Como uma machadada no coração, o esperado aconteceu: 14 vidas se foram, levando um pouco do Shifu. Foram embora sem ao menos deixar um pouco de sua história.

Shifu se perguntava: "O que fazer quando dói o coração?". Pensou, por um momento, que talvez fosse melhor fechar os olhos, pois o que os olhos não vissem o coração não sentiria. Mas mudou no mesmo instante seu pensamento, pois sabia que isso só acontece no mundo das ideias. Ele deveria sim estar sempre com os olhos bem abertos e focado no seu legado rumo ao trabalho, mantendo-se firme com seus objetivos, desenvolvendo testes durante este percurso na busca dos verdadeiros discípulos.

E foi preciso, em sua estratégia, agir oferecendo o que tinha de melhor para os discípulos: trabalho. Trabalho que muitas vezes se torna impactante e assustador. Trabalhar para que, se seus pais assumiam o lugar que lhes cabiam dando-lhes de tudo, passando a mão em cima dos seus erros?

Muitos pais não percebem, mas desta forma estão fazendo o que o Mestre chamava de responsabilidade vadia, colocando os seus filhos em completa inércia e impedindo-os de continuarem no caminho do progresso. A determinação deles vai sendo ceifada pouco a pouco a cada vez que a mão lhes acalenta, modificando seus valores e deixando como herança para sociedade indivíduos incapazes e sem rumo.

Não fora por força do acaso que o Shifu colocou aquela mensagem no mural de filosofia da semana. Ele sabia que a vida ensina de muitas maneiras, dando e tirando várias chances de conquistas e sucesso. A vida chega até a dar indicativos do caminho que deveria ser seguido, que muitas vezes não são compreendidos pelas pessoas, e estas alienam-se e se mantêm distantes do sucesso. Assim como disse Galileu Galilei: "Não se pode ensinar nada a um homem, só é possível ajudá-lo a encontrar a coisa dentro de si".

Shifu Erich, estava atrás de pessoas que estivessem dispostas a fazer o que os outros não queriam fazer por culpa da completa inércia. Conversou com sua companheira, Sra. Andrea, e juntos decidiram que não chamariam mais ninguém para ocupar as vagas que foram abertas com a saída dos ex-discípulos.

O Mestre percebeu que a realidade nega a oportunidade de modificar as pessoas que deixam de enxergar, quando estes tiram os olhos dos objetivos e acabam, desta forma, nunca tornando--se realizadores. Deixam de aprender, pois nunca modificam suas opiniões, perdem a chance de transformar a crença em realidade e não conquistarão esse sucesso. E visto que, em quase todos os casos deixam de avaliar as oportunidades que a vida lhes dá, as mesmas sempre lhes parecem maiores quando vão do que quando vêm.

Sem tecer comentário algum sobre a falta dos outros discí-pulos, o Mestre iniciou o treino da mesma forma habitual. Com uma leve e ligeira modificação feita durante a corrida inicial, o Shifu solicitou para que todos os discípulos repetissem a música que ele cantaria, mantendo o mesmo ritmo. Esta atividade, que serviria para aumentar o condicionamento físico, assim se iniciou.

Música 01 – Sagaz e mutilador

Shifu: Para frente para trás
Discípulos: Para frente para trás
Shifu: Um ataque projetar
Discípulos: Um ataque projetar
Shifu: Um inseto inofensivo
Discípulos: Um inseto inofensivo
Shifu: Que ataca pra matar
Discípulos: Que ataca pra matar
Shifu: Como a fúria de um raio
Discípulos: Como a fúria de um raio

Shifu: A cigarra decepar
Discípulos: A cigarra decepar
Shifu: Forte, rápido e veloz
Discípulos: Forte, rápido e veloz
Shifu: Chuta, soca, estrangula
Discípulos: Chuta, soca, estrangula
Shifu: Dá rasteira e torções
Discípulos: Dá rasteira e torções
Shifu: E combate sem parar
Discípulos: E combate sem parar
Shifu: Sua arma é disciplina
Discípulos: Sua arma é disciplina
Shifu: Pra vitória alcançar
Discípulos: Pra vitória alcançar
Shifu: Oponente que se cuide
Discípulos: Oponente que se cuide
Shifu: Pois a força é a razão
Discípulos: Pois a força é a razão
Shifu: De um sistema de combate
Discípulos: De um sistema de combate
Shifu: Onde o ataque não é visto
Discípulos: Onde o ataque não é visto

Shifu: Forte, rápido e veloz
Discípulos: Forte, rápido e veloz
Shifu: Chuta, soca, estrangula
Discípulos: Chuta, soca, estrangula
Shifu: Dá rasteira e torções
Discípulos: Dá rasteira e torções
Shifu: E combate sem parar
Discípulos: E combate sem parar
Shifu: Como a fúria de um raio
Discípulos: Como a fúria de um raio

Shifu: A cigarra decepar
Discípulos: A cigarra decepar

Ao término da corrida, Shifu posicionou os 35 discípulos, formando sete colunas com cinco integrantes em cada coluna, e disponibilizou um saco de pancada para cada coluna. Os integrantes teriam de se alternar, de forma coesa, durante a execução da atividade.

Primeiramente, Shifu ensinou aos discípulos como colocar a bandagem nas mãos, mostrou o posicionamento correto dos braços para deixar a guarda da maneira correta, e como deveria ser a postura das pernas e do tronco durante a execução da atividade, chamada de "Socos Sequenciais". A quantidade era de sete séries de 3 por 1, ou seja, o trabalho era feito por três minutos e se descansava um minuto até totalizarem-se as sete séries.

Disposição dos alunos em fila, à frente do saco de pancada.

O próximo trabalho era um tipo de exercício físico que seria "desfrutado" por todos eles: o alongamento. Este exercício é dirigido para a manutenção ou melhora da flexibilidade, pois em muitos casos, devido ao sedentarismo, anos de posturas inadequadas, estresse permanente adquirido no dia a dia e principalmente a não realização de alongamentos periódicos, algumas pessoas são passíveis de estar com a estrutura do corpo comprometida. Dado o desalinhamento ou sobrecarga que sofrem, têm os músculos tencionados ou até mesmo encurtados. Isso não deixa que exista amplitude normal para execução dos exercícios e nem uma boa circulação sanguínea, o que pode causar muito desconforto e dores.

Por isso, temos que ter em mente que um corpo flexível é um corpo sem limitações articulares, está livre para alcançar objetivos durante as atividades diárias na busca de novos desafios. Mas não podemos esquecer também que todas as pessoas devem respeitar seus limites e aumentar a intensidade dos exercícios de forma lenta e gradual, se beneficiando dos resultados adquiridos de forma inteligente sem se ocasionar dano.

Quando executados de maneira adequada, os alongamentos trazem os seguintes benefícios: reduzem as tensões musculares, relaxam o corpo, proporcionam maior consciência corporal, deixam os movimentos mais soltos e leves, previnem lesões, preparam o corpo para atividades físicas e ativam a circulação.

Mais uma aula terminava e como de costume, antes de iniciar a quinta aula, Shifu Erich colocou outra mensagem no quadro de filosofia da semana. Porém, esta só viria a ser trocada na sétima aula.

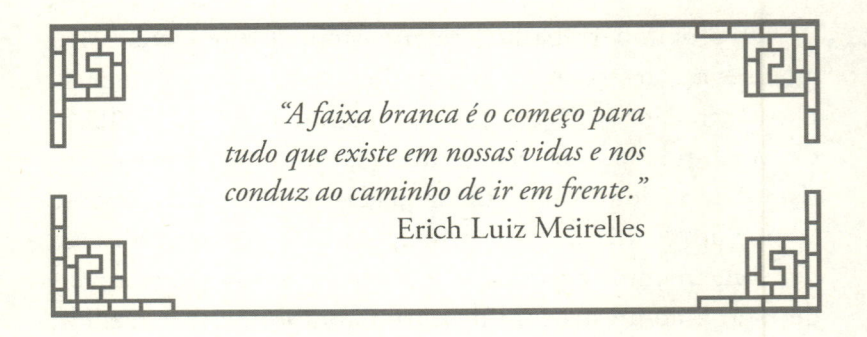

O quinto e sexto dias de aulas foram mais puxados. Além de treinarem muito, com a saída dos 14 ex-discípulos, os grupos que perderam indivíduos mantiveram-se com a mesma formação, tendo assim que redobrar os serviços para compensar a perda de pessoas e manter a mesma política de alternância de posições.

Porém, algo muito estranho aconteceu de repente no final da aula do sexto dia. Shifu empalideceu, sua cabeça viajava em turbilhões de pensamentos e suas pupilas dilataram enquanto o discípulo Wilson lhe relatava um problema inesperado que não poderia ser vivido dentro de um ambiente saudável.

Capítulo 6

A Estratégia

Ao final da sexta aula, o discípulo Wilson relatou ao Mestre que fora furtado de dentro do vestiário, o dinheiro que havia dentro de sua carteira serviria para o pagamento do seu carnê de uma loja de sapatos.

Afirmava, com muita veemência, que antes de sair de sua residência sua mãe lhe entregara o dinheiro e que de imediato ele o colocara dentro do carnê, que por sua vez foi colocado na carteira, e da sua casa veio direto para o treino. Ele deixou sua carteira dentro da mochila, junto com outros pertences, no vestiário.

De imediato, Shifu reembolsou Wilson e solicitou para que o mesmo não comentasse com ninguém o fato ocorrido por ora, para que assim ele pudesse tomar as medidas cabíveis. Assim seria mais fácil solucionar o problema, pois se mantivessem o completo silêncio deixariam o gatuno firme e confiante.

A primeira estratégia do Shifu foi manter o silêncio, para poder manter o ímpeto do gatuno. A segunda estratégia seria colocar uma nova filosofia da semana para a sétima aula, algo que não mexesse no emocional do gatuno e o deixasse firme e confiante para cometer mais delitos. A última estratégia, uma mochila com uma carteira bem rechonchuda de dinheiro no vestiário, para assim atiçar nosso amigo gatuno. Afinal, eles não resistem: gatos são sempre gatos – adoram uma lata de sardinha.

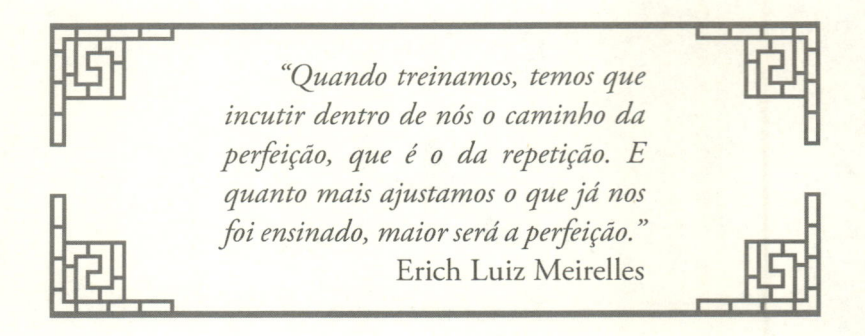

Todos nós nascemos originais e morremos cópias das nossas escolhas na qual acreditamos. Uns escolhem o caminho do bem e outros o do mal. Todos sabemos o que é certo e o que é errado na vida: atendemos celulares quando estamos dirigindo, furamos filas na maior cara de pau, não respeitamos nossas crianças e nossos idosos, queremos sempre tirar vantagens de tudo.

Aí que entra, como manobra de massa, para uma sociedade hipócrita funcionar, a criação das leis. Vemos a falsa presunção de que as pessoas as respeitam, pois se prende, mas se solta. Com a fragilidade da lei, reclamamos por que colhemos o fruto do subproduto educado por ela, desta sociedade doente que cobra sem fazer uma mínima introspecção do fruto que gerou, a árvore podre que contamina e estraga enquanto existe.

O gatuno, além de esperto, sorrateiro e misterioso, já demarcara seu território. Estava pensativo, talvez um pouco acuado ou mantendo a margem de segurança, pois chegou a resistir à sardinha bem rechonchuda. Será que ele estava satisfeito, bem alimentado com sobras do último ataque?

Não, gatos são sempre gatos. Eles têm características fáceis de se notar. Não brilham, não vibram, não interagem, e quando estão interessados bajulam. Porém, eles sempre valorizam onde moram. A sétima aula acabara, mas este gatuno não haveria de ser diferente.

Na próxima aula, Shifu com seu olhar clínico, rapidamente conseguiu identificar o gatuno dentre os demais discípulos. Ele não conseguia mais disfarçar e muito menos conter suas reais intenções, praticamente mostrando para que veio.

Porém, Shifu se mantinha calmo, complacente e observador. Não dirigia o olhar em sua direção, observava sua movimentação pelos espelhos e canto dos olhos, nunca de forma direta. Precisava deixar a chama do seu ímpeto acesa. Shifu ficava de olhos no gatuno e o gatuno de olhos no peixe rechonchudo.

Estava claro que seria hoje o seu ataque. As movimentações rápidas e contínuas do gatuno, que entrava e saía do vestiário, foram lhe dando autoconfiança, que logo acendeu seu ímpeto, aflorando e impulsionando a cometer o mesmo ato infracionário. O delito ocorreria, pois aquela carteira rechonchuda era como uma lata de sardinha: irresistível para o gatuno, pronta para ser devorada. O gatuno então, agarrou a carteira como previsto, e foi subtraindo todo o dinheiro contido nela.

Shifu Erich, Sra. Andrea e o discípulo Wilson adentraram o vestiário, de forma abrupta, e agora quem estava com suas pupilas dilatadas, olhos arregalados, um olhar atônito e os olhos começando a marejar não era o Shifu.

O fruto podre de nossa sociedade, que carinhosamente apelidamos de gatuno, se lambuzava com algo que não lhe pertencia e de uma forma vexatória expondo suas mazelas.

O poder da toga era algo real naquele momento. Shifu Erich imaginou-se tendo estas vestes sobre os ombros e com este poder supremo podendo encarcerar até mesmo quem rouba manteiga ou uma lata de leite em pó no supermercado e mandá-los, de forma exemplar, para cadeia.

Mas, se pensarmos a respeito e indagarmos, que toga é essa que possui um poder limitado? Uma toga que, quando julga um réu, advoga a seu favor. Não consegue prender os que roubam uma nação. Será que esta espada que carregam sobre as vestes, não age com o rigor da força de que dispõe, pois o material que a compõe foi forjado pelos interesses que impedem de impor o direito, será?

Triste decisão Shifu teria que tomar. Deveria chamar uma viatura, que levasse de 40 a 50 minutos para chegar, se de fato lhe atendessem? Após isso, talvez fossem conduzidos à delegacia para efetuarem um boletim de ocorrência, e então levar-se-ia mais três horas para serem atendidos – isso se o escrivão já tivesse tomado o seu café.

Agora, se o Shifu fosse amigo do delegado, em menos de 5 minutos tudo estaria resolvido. Se o governador fosse seu amigo pessoal, ele iria até seu comércio ou residência, e antes mesmo do gatuno ser julgado seria mandado para cadeia, tendo de esperar pela sua sentença que, pela morbidez de um sistema precário levará em torno de 4, 5, 6, 7, 8, 9 anos. É melhor parar por aqui, pois isso viraria uma tremenda piada sobre uma nação chamada Brasil.

Shifu tomou a decisão mais correta para aquele momento. Começou pelo deslocamento de todos os envolvidos para a secretaria, de forma discreta e sem causar constrangimento. Logo após, ligou para seus pais e solicitou sua presença para que pudessem conversar sobre um problema ocorrido na escola.

Mais duro foi ver que o pai do gatuno era um homem íntegro, trabalhador. Andava sempre de chinelo, devido uma úlcera na perna. Suas vestes eram simples, e tanto ele como a sua esposa trabalhavam duro.

Porém, algo deveria ser feito. Shifu não poderia mandar este discípulo para a cadeia, pois todos sabemos que esse lugar não serviria como um instrumento de correção e socialização. Iria sim agravar o quadro de futuras delinquências.

O que o Shifu não entendia era, sendo todos parte de uma sociedade pagadora de impostos, como esta mesma sociedade permite conviver com este quadro de políticos, que consegue ludibriar seus eleitores com as mesmas falsas promessas de melhoria na educação, na segurança pública, nos transportes, na saúde, e depois vêm com a maior cara de pau dizer que passamos a ter maior poder econômico e que estamos até mudando de classe social, e é por isso que estamos mais exigentes.

Não há o que exigir se educar não se faz presente, há muito. No transporte, o enfoque é somente aumentar a grana no bolso da máfia que se formou. A segurança pública já virou piada. A saúde totalmente sucateada, se fosse funcional a população a veria sendo utilizada pelo presidente, governador, prefeito, deputados, vereadores. Não podemos esquecer, também, que seus filhos e netos não estudam na escola que eles vivem prometendo nas campanhas públicas.

E se você (ousar) reclamar dos "ótimos" serviços prestados por eles, eles o prendem, pois criaram leis que defendem a sua ineficiência.

Os pais chegaram e a Sra. Andrea os encaminhou até a secretaria. Seu filho chorava muito. Shifu os informou sobre o acontecido e deixou bem claro que estava afastando o rapaz de qualquer atividade na AAMSKF. Disse também que não tomaria nenhuma medida quanto ao caso ocorrido, com a condição de que o dinheiro que a família pagava da mensalidade fosse convertido para pagar um psicólogo, um profissional que conseguisse reverter este quadro e salvar esta vida.

Capítulo 7

O Fim do Primeiro Ciclo de Base

Três longos meses se passaram e 34 discípulos estavam prontos para prestar seu primeiro exame para troca de faixa e assim ocupar uma nova graduação. Seria mais um lindo e importante dia de domingo, 17 de dezembro de 1995, com horário previsto para realização às 13h30.

Shifu Erich e sua companheira Sra. Andrea chegaram às 6h da manhã deste dia, como o habitual. Mas, diferentemente do início das atividades de sua escola, neste dia tudo já estava organizado no seu devido lugar: a mesa de avaliação, o sino, as faixas sobre a mesa, colchonetes, cadeiras para o público se acomodar, banheiros limpos. Tudo o que se precisava fora cuidadosamente arrumado pelos seus discípulos no dia anterior.

Estava fixada, no quadro de filosofia, a seguinte mensagem:

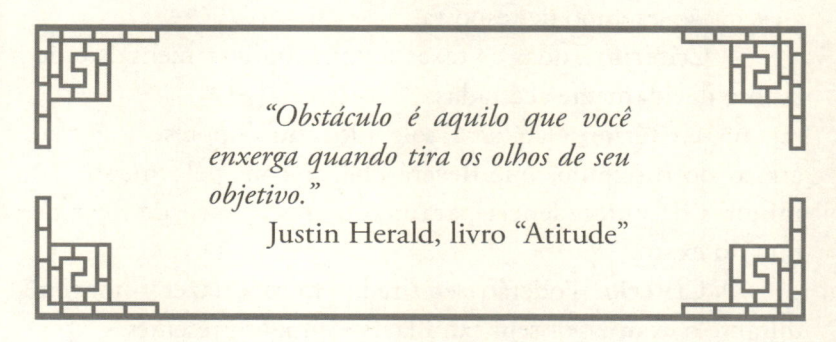

"Obstáculo é aquilo que você enxerga quando tira os olhos de seu objetivo."
Justin Herald, livro "Atitude"

A ansiedade nos discípulos estava tão grande que se tinha a impressão de que os seus corações saltariam pela boca. Alguns já transpiravam antes mesmo de começar.

Todos já sabiam sobre as etapas e critérios de exame, pois o Shifu os havia fixado no quadro de avisos.

Etapas de avaliação e critérios

1º Critério: Apresentação da carteirinha, estar devidamente uniformizado, estar sempre alinhado e perfilado no local indicado.

2º Critério: Condicionamento físico no padrão da fase, estar contando quando necessário, durante a execução da atividade, mantendo cadência. Ter espírito de grupo e obedecer ao comando.

3º Critério: Coordenação, concentração durante as movimentações, resistência e não esquecimento da técnica.

4º Critério: Apresentar a técnica com firmeza, velocidade, plástica no movimento, com base baixa na postura, equilíbrio, pontaria, reflexo, noção de espaço, grau de dificuldade durante a execução e tempo de resposta.

5º Critério: Todas as taxas administrativas mensais e do evento devidamente acertadas.

6º Critério: Não será tolerado, em hipótese alguma, atraso do discípulo, que deverá chegar com pelo menos 30 minutos de antecedência para não correr o risco de ficar de fora do exame.

7º Critério: Poderão ser tiradas fotos e fazer filmagem durante o exame por seus familiares e amigos presentes.

O nervosismo tomava conta. A pressão se fazia presente a despeito da ausência de um perigo real, pois o objetivo estava chegando, a hora do exame se aproximava. Minuto a minuto, os olhares eram cada vez mais lançados para eles. Vinham de seus familiares, amigos e de várias pessoas que vieram prestigiar os seus companheiros de treino durante o exame.

A sala de treino, que sempre fora ocupada por eles, agora estava rodeada de cadeiras, cheias de pessoas que não paravam de falar e conversar sobre os mais diversos assuntos. Havia também a responsabilidade de apresentar tudo o que lhes foi ensinado e absorvido durante meses de um treinamento rigoroso, que chegava ao ponto de ser bem exaustivo. Estes dois fatores estavam alterando a reação emocional de alguns discípulos.

Shifu precisava falar algo antes de iniciar o exame para modificar um pouco este quadro. Sabia que a pressão que os jovens discípulos sentiam naquele momento era grande, por ser algo novo para eles, e que tudo isso estava diretamente relacionado com a ansiedade do evento. Sua fala afastara, pelo menos parcialmente, a percepção do "perigo" que para muitos o exame representava.

Às 13h30 em ponto o Shifu entrou na sala de treino. Para alívio de alguns discípulos, os olhares tomaram um outro rumo. A porta de treino se fechou, os burburinhos na sala de treino cessaram e o silêncio se instalou. Até o barulho das hélices dos ventiladores cortando o ar se fez presente.

Shifu Erich começou o discurso, cumprimentando todos os presentes e se apresentou para quem não o conhecia. Sem titubear, enalteceu seus discípulos com uma linda mensagem:

— É com muita satisfação e alegria que posso hoje mostrar o quanto é gratificante fazer parte da realização do primeiro exame deste ciclo de base, na qual estes discípulos fazem parte integrante de todo um processo. Poucos teriam a coragem de se expor, apresentando as técnicas por mim ministradas, e isto só foi possível porque eles foram capazes de assimilar todo o conteúdo técnico, neste curto espaço de tempo, que só com muita dedicação e empenho se conseguiria aprender. Agora chegou a hora de mostrar o seu melhor, na busca de uma nova graduação – disse o Shifu, agora olhando para os seus discípulos. – Este deverá ser seu foco, empenhando-se a realizar aquilo que se predispôs a vir fazer. Só você sabe o quanto se esforçou para isso, mas hoje, por estarem rodeados por seus familiares, amigos e pessoas torcendo por você, isso será um fator determinante para a certeza desta conquista.

Shifu Erich se dirigiu até a mesa de avaliação, puxou a cadeira e sentou-se. Discretamente e de uma forma comedida, Sra. Andrea sussurrou algo em seu ouvido:

– A jovem Samara está acompanhada com seus pais, no portão principal de entrada da escola, dizendo que precisa falar com o Shifu, pois o veículo quebrou e caso ela não faça o exame ela interromperá com os treinos e procurará os direitos dela.

A vida nos prega cada peça... Pessoas que poderiam virar verdadeiros gigantes, mas não viram porque se limitam a migalhas, estão submersas no mar de limitações que se autoimpõem. Não conseguem assumir compromissos com as metas estipuladas e, face às atitudes que tomam por viverem um eterno conflito da falta de disciplina, não conseguem progredir. Logo de início perdem as suas reais chances de chegar ao final, íntegros de sua conduta.

Um veículo sempre quebra. Talvez ela até conseguisse encontrar alguma toga que julgasse sua sentença como procedente, mesmo que em parte, mas para o Shifu isso não tinha nenhum problema, ele tiraria isso de letra.

Porém, houve uma vez em que ele achava que a "letra" deveria ser **Z**, de zero. Uma sentença que foi julgada procedente apenas em parte, apoiada no fato de que "**um instrutor de artes marciais tem em seu cotidiano pancadas e dores**". Será que foi porque deixaram de verificar os anexos, os laudos do processo? Assim fica mais fácil de se julgar, mas como seria se fosse um dos seus? A toga virara piada e passou a ser história, daquelas que nem Chapeuzinho Vermelho acredita, pois hoje o mal se resolve fácil.

O sistema, por exemplo, cria vários cartões e cestas básicas para suprir os problemas da fome de um país miserável, quando na verdade o problema real são os altos salários pagos para pessoas ruins e ineficientes ocupando cargos e se preocupando de fato só com si mesmas, deixando de lado o "arregaçar as mangas e agir", conduzindo uma nação a viver de doação, o que remete a uma história.

A ratoeira

Um rato, olhando pelo buraco na parede, vê o fazendeiro e sua esposa abrindo um pacote. Pensou logo no tipo de comida que poderia haver ali. Ao descobrir que era uma ratoeira ficou aterrorizado. Correu ao pátio da fazenda advertindo a todos:

— Há uma ratoeira na casa, uma ratoeira na casa!

A galinha respondeu:

— Desculpe-me, Sr. Rato, eu entendo que isso seja um grande problema para o senhor, mas não me prejudica em nada, não me incomoda.

O rato foi até o porco e lhe disse:

— Há uma ratoeira na casa, uma ratoeira!

— Desculpe-me, Sr. Rato – disse o porco –, mas não há nada que eu possa fazer, a não ser rezar. Fique tranquilo que o senhor será lembrado nas minhas orações.

O rato dirigiu-se então à vaca. Ela lhe disse:

– O que, Sr. Rato? Uma ratoeira? Por acaso estou em perigo? Acho que não!

Então o rato voltou para a casa, cabisbaixo e muito abatido para encarar a ratoeira do fazendeiro.

Naquela noite ouviu-se um barulho, como o de uma ratoeira pegando sua vítima. A mulher do fazendeiro correu para ver o que havia na ratoeira. No escuro, ela não viu que a ratoeira pegara a cauda de uma cobra venenosa. E a cobra picou a mulher...

O fazendeiro a levou imediatamente ao hospital. Ela voltou com febre. Todo mundo sabe que para alimentar alguém com febre, nada melhor que uma bela canja de galinha. O fazendeiro pegou seu cutelo e foi providenciar o ingrediente principal. Nisso se foi a galinha.

Como a doença da mulher continuava, os amigos e vizinhos vieram visitá-la. Para alimentá-los o fazendeiro matou o porco.

A mulher não melhorou e acabou morrendo. Muita gente veio para o funeral. O fazendeiro então sacrificou a vaca, para alimentar todo aquele povo.

Moral da História: A problemática é que não adianta procurar culpados e sim entender que o problema existe pela falta de comprometimento em visualizar que a casa toda está sofrendo e corremos riscos e perigos. A ratoeira é um sistema arcaico que alimenta os seus, causando dor e sofrimento aos que lhe nutrem.

Shifu então pediu para Sra. Andrea informar a discípula que, especificamente naquele momento, não daria para atendê-la, e pediu também para que tentasse agendar um horário para conversarem.

O sino foi tocado para sinalizar o início do exame para os 33 discípulos, que sob comando se cumprimentaram da forma tradicional. O preaquecimento seria iniciado com apenas um olhar do Shifu: a discípula número 01 puxou a corrida em torno da sala.

Shifu passava comando por comando, as pessoas que assistiam ficavam admiradas observando o rigor da disciplina e o alinhamento mantido entre os discípulos. Os movimentos eram executados de forma tão sincronizada que era impactante de se ver, levando em conta o pouco espaço de tempo que tiveram: foram apenas três meses de treino!

Era incrível e tão perfeito que parecia um filme. As contagens durante os exercícios empolgavam a plateia. Alguns familiares não continham a emoção e copiosamente choravam. Era uma experiência nunca vivida por eles, os olhos estavam vidrados em tudo e as crianças da plateia até tentavam imitar os movimentos.

Os discípulos, por sua vez, estavam todos enrubescidos e molhados de suor, cem por cento ligados aos comandos, focados em seu objetivo. O espírito de grupo selava a harmonia entre todos.

Durante o exame, o momento mais difícil foi quando Shifu pegou o cronômetro e subiu ao palco, sinalizando com a sua mão direita, apontando coluna por coluna. Todos seus discípulos já conheciam aquele sinal, que significava que era a hora do teste de resistência.

– A principal característica de um lutador é sua força interior – disse o Mestre –, pois um lutador que não domina o seu próprio corpo com certeza não conseguirá dominar o de um adversário. Agora, quero que prestem muita atenção para a primeira atividade de resistência, espero de vocês muito empenho e concentração durante esta atividade. Vocês ficarão 2 minutos imóveis na posição do cavalo, com os dois braços à frente estendidos na reta dos ombros, sem sair da posição. Ao menor movimento, a pessoa estará automaticamente reprovada.

As posições de Cavalo ou Mǎ Bù (马步)
e Crucifixo ou Shízìjià Bù (十字架步)

Alguns discípulos já sentiam o peso do exame: suas pernas tremiam, seus braços pareciam pesar toneladas, mas tentar resistir a tudo isso era a confirmação da certeza na busca de seu objetivo. O problema era que de repente os minutos pareciam ter virado horas. Os olhares de todos os presentes pesavam sobre eles.

– Falta apenas 1 minuto – disse, de repente, o Shifu.

Comandar as pernas era algo pouco provável, elas tremiam mais que vara verde. Para os discípulos, aquilo precisava parar, porém o tempo não queria ajudar. O suor descia pela testa, os pingos molhavam o chão, e foi quando uma voz, como que vinda do céu disse: "Deu!".

O Shifu se aproximou de um dos discípulos e mostrou o cronômetro, que marcava exatos 2 minutos. Após a confirmação do discípulo, zerou o cronômetro e o mostrou novamente antes de começar a contagem de 1 minuto de descanso.

Faltava ainda o segundo e último trabalho de resistência. Este 1 minuto de descanso passou tão rápido que mal deu para os discípulos relaxarem. Então o Shifu falou:

— Vamos tirar o suor do rosto, unir bem as pernas, deixar as mãos fechadas na cintura, flexionar as pernas, e ao meu comando estender os braços para lateral e permanecer imóvel por 2 minutos na posição do Crucifixo. Atenção... valendo!

O teste de resistência é de fato muito tortuoso, principalmente por já ter-se ficado no Cavalo anteriormente. Shifu observava os discípulos, que estavam firmes na sua posição. A exaustão tomava conta de todos... e de repente Shifu falou:

— Falta apenas 1 minuto.

Este último minuto aniquilava a chance de um discípulo, que se contorcia todo para manter-se na posição. Mas a paulada final foi quando Shifu anunciou os últimos 30 segundos.

Aquela fala não soou bem para este discípulo. Natan esmoreceu, seus braços não resistiram. Os 30 segundos viraram 30 longos minutos na sua mente. Como um balde de água fria, Shifu olhou para o jovem e falou:

— Você está reprovado. Entregue o crachá com o número do exame para Sra. Andrea e retire sua carteirinha com ela.

Os discípulos estavam perplexos, seu companheiro repetira e eles teriam que resistir por mais alguns segundos para não irem pelo mesmo caminho. E não tardou para a mesma voz falar de novo: "Deu!".

Foi como uma sensação de alívio, a plateia batia palmas, vibrando e torcendo pela conquista daquela etapa.

As etapas de condicionamento físico e resistência terminaram, porém o exame ainda estava longe de acabar. Para os discípulos, era preciso estar atentos para não incorrerem na famosa precipitação, no sentimento de "já ganhou". Muitas vezes, dada uma autoconfiança que nos impomos, acabamos nos acomodando em várias situações ao longo da vida, perdendo assim o rumo e o eixo de tudo.

É fácil citar exemplos para poder apoiar essa tese. Um destes seria o caso de pessoas que casam e depois disso resolvem não cuidar mais de si mesmas. Esquecem do seu marketing pessoal que a levaram à vitória. Deixam a barriga crescer, os cabelos embranquecerem, usam vestes gastas pelo tempo do conformismo, se prendem em uma redoma e reclamam quando a mesma trinca e dilacera o seu mundo.

Estar atento é uma questão de sobrevivência, pois se anular para o imaginável é estar sempre de guarda aberta, para os percalços na vida.

Capítulo 8

A Avaliação Técnica

Os discípulos sentiam muito cansaço pelas etapas que já percorreram e superaram. O condicionamento físico e a resistência exigiram muito deles e, para ser avaliado tecnicamente, era preciso ter em mente a frase que Shifu usava para os momentos de exaustão. Esta frase os dava força e motivação para continuarem na busca do objetivo e manter-se no foco.

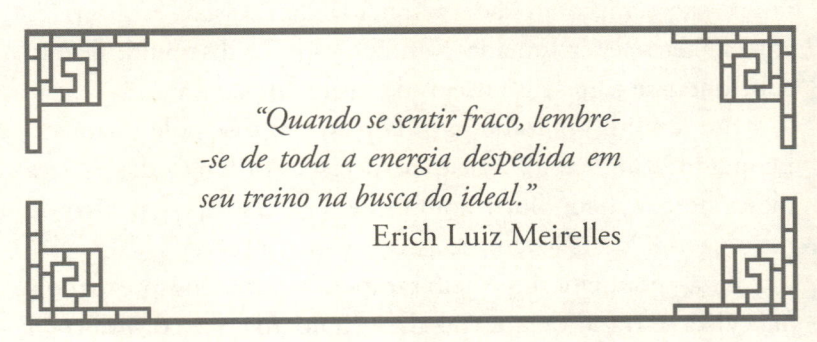

"Quando se sentir fraco, lembre--se de toda a energia despedida em seu treino na busca do ideal."
Erich Luiz Meirelles

Shifu elevou as suas mãos e entreabriu os dedos. Rapidamente, todos os discípulos se posicionaram para apresentar-lhe as 10 chaves básicas, dando início à parte técnica do exame. Passaram a fazê-las, uma a uma, com firmeza, velocidade, base baixa nas posturas e com pontaria e plástica nos movimentos.

A plateia ficou pasma em ver tanta coordenação, era fascinante e bonito de se escutar a contagem, que dava vida aos movimentos.

Todos os discípulos estavam concentrados nos comandos e suas performances estavam a contento do Shifu, que via o esforço em cada discípulo, e isso o enchia de orgulho.

A última etapa do exame era a parte que os discípulos mais temiam, pois sabiam que, por mais que já tivessem se empenhado, não adiantaria nada se não superassem mais esta, que envolveria equilíbrio, reflexo, noção de espaço, tempo de resposta e concentração.

Dando continuidade, Shifu puxou primeiro o comando de Posturas Básicas, e todos foram também precisos na execução. Mas o que nenhum discípulo esperava acontecer foi uma nova conduta durante o exame, algo jamais visto até então por eles.

Após as Posturas Básicas, Shifu pediu para o jovem discípulo Leonardo puxar todos os comandos de Guardas durante o decorrer do exame. Shifu tinha o pressentimento de que ali existia a pérola que tanto procurava, e como sabia que a liderança está sempre atrelada à tomada de decisão, esta seria a atitude certa a ser tomada para com aquele discípulo, fazê-lo confrontar-se com seus anseios de forma impactante.

E este foi o ponto de partida para um discípulo chamado Leonardo atingir e alavancar o sucesso. Ao longo desses três meses de convívio, Shifu notou que teria que agregar algo de novo na vida deste jovem, se assim ele permitisse.

E não por demérito e nem tampouco por menosprezo, pois haja vista se tratar de um trabalho digno, mas ele cortava coco em uma barraca de frutas para sobreviver. Fora empregado com uma remuneração baixa e sem os direitos trabalhistas que lhe cabiam.

Esse era um quadro que Shifu visualizava e sabia que era preciso encorajar seu discípulo. Ele tinha traços e características de um líder, o que ele precisava de fato era perceber seu potencial para assim ser notado por todos, e isso se fez presente a partir daquela tarefa.

Leonardo prontamente se predispôs a assumir esta tarefa. Seus olhos brilhavam, o grupo seguia suas ordens de comando e as veias do seu pescoço ficavam saltadas durante sua fala. Enquanto estava focado na atividade e no desempenho do grupo, o discípulo notou que deveria pausar o comando, pois havia um membro do grupo posicionado na última coluna que estava com problemas para acompanhar os comandos.

O inesperado aconteceu: ele interrompeu o seu comando, delegou para todos os discípulos retornarem e às posições iniciais e, sem consultar o Shifu, trocou de posição para ficar ao lado da jovem discípula Rachel, motivando e direcionando a mesma a seguir em seu propósito.

Shifu percebera que ele não só era um líder, mas mesmo sendo tão novo já entendia o significado de espírito de grupo, o de ser solidário e, principalmente, em antever o problema conduzindo a situação de forma sábia, gerenciando o grupo. Esta era a confirmação mais visível do nascimento de um **LÍDER**, a pérola.

Quando Leonardo acabou a última atividade, retornou à sua posição inicial, colocando todos os alunos perfilados na sua devida formação original de exame.

Shifu subiu ao palco e pediu para que um discípulo de cada vez se aproximasse e lhe entregasse em suas mãos o crachá com o número do exame, totalizando 32 crachás. Logo após, Shifu solicitou que ficassem correndo no mesmo lugar, até que pediu a discípula número 01 que puxasse a corrida em fila indiana em torno de toda a sala de treino.

Na medida em que se aproximaram dele, Shifu estendeu a sua mão e passou a distribuir as faixas, uma a uma, até totalizar as 32 faixas. Neste momento, as lágrimas de ansiedade da plateia foram trocadas pelas lágrimas da sensação de felicidade. Eles ovacionavam com gritos, sorrisos e palmas a conquista dos discípulos, o local virara um pandemônio de fato.

Quando os discípulos retornaram à formação inicial, Shifu solicitou que eles trocassem a faixa da cintura, dobrassem a antiga e a entregassem para a pessoa que mais os incentivara a seguir esta nova trajetória de vida.

Logo após, comentou que sempre é importante e agradável conquistar novos patamares na vida e que desejava que esta conquista fosse a primeira de muitas das que surgiriam ao longo de suas vidas. Neste dia, os discípulos poderiam escrever no livro em branco da vida o nobre registro desta conquista.

— Agora que vocês adquiriram a convicção do caminho escolhido, só depende da sua determinação em manter-se firme e confiante nesta trajetória. Nunca se esqueçam que, se forem realizar algo, terão que estabelecer objetivos e se empenhar para conquistá-los, com um espírito radiante e positivo, sem mudarem o foco, sem desviar-se do objetivo, pois o pessimismo é a prova viva que draga a possibilidade de conquista e nos afasta da sensação de dever cumprido.

— Lembrem-se — continuou —, há pessoas que nunca tiveram fracassos na vida, mas isso apenas porque simplesmente deixaram de assumir os riscos que deviam. Tenham em mente sempre querer vencer, isso significa já terem percorrido boa parte do caminho da vitória.

E olhando para o jovem Natan, Shifu falou:

— Meu jovem discípulo, assuma esta derrota como a somatória de mais uma experiência em sua vida e tenha a mesma satisfação de dever cumprido, para retornar com determinação e poder registrar no livro em branco da vida que iniciou, suas futuras conquistas.

Shifu se dirigiu de volta para o palco, solicitou que todos os jovens discípulos se cumprimentassem e finalizou o exame comunicando a todos que, por se tratar da última atividade do ano, receberiam em casa uma notificação com a data do retorno.

Após o término do exame, não tardou para o Shifu estar rodeado pelos pais dos seus discípulos.

— Mestre! Somos os pais da sua nova discípula da faixa amarela, nossa princesinha Sandy. Viemos lhe parabenizar pelo ótimo trabalho, não só o marcial, mas o de mudança de comportamento que começamos observar na Sandy. De uns três meses pra cá, ela passou a ser uma pessoa proativa nos afazeres de casa, passou a ser mais perceptiva a tudo, melhorou seus hábitos alimentares e principalmente passou a interagir com as crianças pequenas do condomínio. Parece que virou uma espécie de "mãezona" das crianças, obrigado, Mestre.

Shifu recebeu os cumprimentos dos pais e disse:

— Ela sempre foi uma boa filha, só precisava se enxergar como Sandy e acordar a princesa adormecida que ela interpretava, ir além, exercendo a disciplina e não ficar só admirando.

A discípula Margaret se aproximou com os pais e lhes apresentou ao Shifu.

— Pai, mãe, este é o Shifu Erich Luiz Meirelles de quem tanto falo em casa.

— Prazer me chamo Joaquim, esta é minha esposa Maria e este "levado da breca" é o Toninho, irmão de Margaret. Estamos muito felizes pelo desempenho dela no exame, quero que ela fique com o senhor até se formar. Bom, também não vou esconder que me assustei um pouco quando ela fez a primeira aula. No dia seguinte parecia que ela levara uma surra, doía até o fio de cabelo da menina. Dava até dó da "bichinha", não foi, filha?

Nisso, Margaret enrubesceu e apenas abaixou seu semblante, não teceu nenhum tipo de comentário. Seu pai continuou:

— Mas as coisas foram se aprumando, e agora está uma formosura de ver. A "bichinha" até emagreceu... E olha que o apetite dela aumentou!

Shifu agradeceu e parabenizou, de novo, a jovem.

– Prazer sou Carlos, pai do Ailton. O senhor me desculpa a falta da presença da mãe dele, é que somos separados e o senhor sabe como é... Bom, estou muito contente em saber que meu garoto é seu braço direito nesta escola, que ele já está mandando em todo mundo. Pelo o que vi ele é o melhor mesmo. E também, Mestre... Posso chamá-lo só de Mestre? É que é mais fácil... é como diz o ditado popular: filho de peixe, peixinho é.

Shifu olhou para Ailton, balançou a cabeça após ver essa atitude, era preciso censurá-la, abstendo-se de qualquer comentário e esperar por mudanças.

Ailton é o tipo de discípulo que quer brilhar tanto, que por excesso de energia queima sua própria lâmpada perante os outros. Muitas vezes retém energia que não lhe pertence, criando histórias para alimentar seu verdadeiro brilho ofuscado, e vai assim queimando, queimando, queimando...

De qualquer forma, o dia fora maravilhoso. Shifu atendia todos os pais, os familiares e todas as pessoas que vinham em seu encontro. Porém, algo inesperado aconteceu. Um, não, melhor seria dizer, dois nocautes simultâneos, que entorpeceram seus sentidos.

A família de Shigueiro e Hiroshi, veio perguntar se o Shifu conhecia algum Mestre em Londrina. Estavam se mudando, pois sofreram um assalto e foram mantidos em cárcere privado em sua própria residência, o que deixou cicatrizes a respeito de morar em São Paulo.

O medo criou a tristeza, que impediu a trajetória daqueles dois jovens de criar raízes na escola do Shifu. A solução encontrada, que amenizaria a dor do trauma sofrido, era retornar o quanto antes para sua cidade natal, e era o ponto facultativo para reestruturar aquela família.

Shifu sentiu muito pela perda, mas direcionou os pais a procurarem, através da Federação do Estado, por uma indicação de uma nova escola que fosse mais próxima para a família.

A Mariposa

Há muito se esperava o nascimento de uma linda mariposa que estava presa em seu casulo, tecido com fios de seda feita por ela ainda quando lagarta. Já se fazia quase 50 dias, e ela sabia que hoje era o grande dia. Dentro do seu casulo, ela já dava sinal de que sairia: ela se contorcia de tanta felicidade, tentava furar o seu casulo com os espinhos aguçados que possuía nas asas.

Porém, surgiam problemas. Uma formiga, que passava ao lado do casulo, ficou tão sensibilizada com aquela agitação que resolveu ajudar com seu ferrão a romper o casulo. A formiga foi tão rápida para cortar que não levou menos de 2 minutos para terminar.

Ao abrir encontrou a mariposa triste e chorosa, com suas asas totalmente encolhidas. Então vendo a mariposa assim a formiga indagou:

— Por que está assim? Se eu pudesse ser você, eu estenderia minhas asas e voaria para os quatro cantos e pelos sete mares em busca de muitas aventuras!

— Pois bem, cara formiga. Se você tivesse deixado eu romper o meu próprio casulo, de fato eu poderia fazer todas estas peripécias citadas por você. Porém sua ajuda me mutilou, e nunca mais poderei voar. Enquanto me contorcia no casulo, exercia força para aumentar a circulação do meu coração, que bombearia a hemolinfa (o "sangue" dos insetos) por todo o meu corpo e expandi-lo aos poucos pela pressão. E também, pelos movimentos musculares, minhas asas se estenderiam ao máximo, com toda a sua perfeição. Mas, para isso acontecer, todo o processo teria que levar cerca de uma a duas horas, podendo assim realizar meu primeiro voo. Sua ajuda me atrapalhou em todo este processo, e agora estou impossibilitada de voar. Passarei o resto de minha vida mutilada.

Esta história nos leva a refletir sobre a estranha mudança que pode ocorrer em nossas vidas, e que muitas vezes nos impossibilita de voar rumo aos objetivos traçados. Ela nos mostra também que a força exercida dentro do casulo pela mariposa é feita para estruturar seu corpo e isto é que a torna capaz de modificar de forma tão profunda a sua vida.

Às vezes resolvemos seguir o manual do bom comportamento e nos predispomos a tentar ajudar os mais fracos, mas acabamos aniquilando suas chances de seguir sozinhos. Deveríamos seguir o que Abraham Lincoln nos ensinou: "Não se pode ajudar as pessoas, fazendo por elas o que elas devem fazer por si mesmas". Desta forma, sem intervenção, daríamos a elas o direito de desfrutar a descoberta dos quatro cantos e dos sete mares por sua própria natureza.

Capítulo 9

O Hóngbāo

Das inúmeras histórias e contos sobre as tradições que envolvem a arte marcial tradicional chinesa conhecidas pelo Shifu, esta em questão retrata o envelope vermelho do Kung Fu, o Hóngbāo (红包). A oferta do Hóngbāo é, certamente, a história mais significativa na relação entre o Mestre e o discípulo.

Diz a antiga lenda que, por não ter como dimensionar toda a sua gratidão pelo que vivenciara com seu aprendizado em sua peregrinação pela Terra, uma Deusa colocou o seu coração em um envelope vermelho e o ofereceu ao seu Shifu, o então Deus maior.

O Hóngbāo é ofertado em diversas ocasiões, tais como casamentos, Ano Novo, em inaugurações e por gestos de gratidão. No Kung Fu, é ofertado para consolidar o vínculo entre o discípulo e seu Shifu.

Assim, Shifu escreveu um lindo poema como mensagem de fim de ano, e juntamente com o calendário para o início das atividades do ano seguinte, enviou aos seus discípulos usando o Hóngbāo.

Você vive em duas mentes
Consciente e inconsciente
Uma vida toda sua

Suas crenças são contidas
Pela força da razão
Quando envolve a emoção
Tudo é fácil tudo é belo.

A imaginação que cria e destrói
Os sonhos que criei
Fazem parte do presente
Do futuro que se cria.

Você vive em duas mentes
Consciente e inconsciente
Onde apenas a força da sugestão
Indica um caminho
Para mexer na emoção
Onde apenas a razão
Brigará com a emoção
E fará o seu viver.

O início das atividades era esperado por todos os discípulos que aguardavam no portão principal de entrada da escola. No quadro de filosofia da semana, estava a seguinte mensagem:

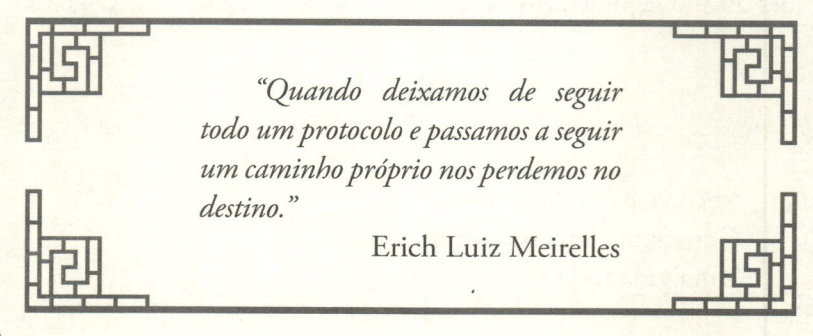

"Quando deixamos de seguir todo um protocolo e passamos a seguir um caminho próprio nos perdemos no destino."

Erich Luiz Meirelles

Shifu tinha como certo que todos refletiram muito sobre o conteúdo do poema por ele enviado e, pautado nesta ideia, preparou como tarefa dois tipos de abordagens para o estudo sobre o conteúdo escrito no poema, que são características bem comuns e presentes no nosso cotidiano:

– Brigas no trânsito
– Competição esportiva

O retorno para o início das atividades veio seguido de mais quatro baixas. Três discípulos que entraram em universidades e Natan, que já sentira o peso da reprovação. O período de fechamento para as festas de final de ano talvez tenha sido o segundo fator que desmotivou sua trajetória, ele não suportou o elefante criado em sua mente, que esmagou de vez sua determinação.

Assim, a escola passou a ter 27 discípulos. Shifu pensou como seria a nova disposição: continuaria a ter as sete colunas verticais, só que existiriam variações na quantidade de membros.

Mas que importava era que os 27 discípulos se manteriam na coluna original na qual pertenciam, pois cada coluna significava o nome de um grupo que fazia os serviços de limpeza e fiscalização. Desta forma, o rodízio de escala continuaria transcorrendo sem quebrar o ritmo das alternâncias nas tarefas.

Mesmo sabendo que o Grupo Conduta só teria dois integrantes, Shifu resolveu não mexer na organização e ver se eles davam conta dos afazeres. Caso isso não ocorresse aí sim ele organizaria uma nova formação.

Quando os discípulos adentraram na sala de treino se depararam com 27 cadernos em espiral, apenas se olharam, sem comentar nada. Todos os cadernos estavam sobre um colchonete, com lápis e borracha.

Os discípulos foram se posicionando à frente de cada colchonete, em pé, com as pernas levemente afastadas na largura dos ombros, as mãos atrás das costas, cabeça ereta e mantendo o completo silêncio, como de costume.

Shifu entrou na sala de treino, caminhou até o palco e fez a saudação, prontamente retribuída por seus discípulos. Aproveitou de imediato para também dar as boas-vindas pelo retorno das atividades e perguntou para os discípulos se todos receberam a lembrança de Natal.

Todos responderam que sim, então o Shifu perguntou se eles refletiram sobre ela. Como ninguém se manifestou, Shifu entendeu que a resposta vinda através do silêncio soava como um mau presságio: de que ninguém recebeu seu poema como um presente.

— Pois bem, solicito que peguem o caderno e o lápis que estão à sua frente e escrevam o poema que recitarei, haja vista que ninguém deve ter ele em mente fora eu.

Nisso um dos discípulos falou:

— Olha, Shifu, eu até vi o envelope vermelho que o senhor me enviou, porém sabe como é lá em casa, somos *tudo* Corinthians. Meu pai recebeu a correspondência, e ao ler o seu poema começou a fazer *bullying*, dizendo que o senhor irá também me ensinar corte e costura, fazer arranjo de flores, fazendo conotações sobre meu comportamento sexual.

— Pois bem, Victor, hoje a primeira atividade que realizaremos vem bem de encontro ao que ocorreu em sua residência, por isso vamos anotar o poema.

— Peço que reflitam sobre o conteúdo do poema enviado e agora anotado por vocês, e darei 30 minutos de tempo para o mesmo — disse agora, a todos. — Esta atividade deverá ser feita em silêncio para não atrapalhar os demais e realizada de forma individual.

Os 30 minutos passaram, então Shifu entrou novamente na sala de treino e solicitou para que todos anotassem a segunda atividade:

– Teremos dois tópicos que são características bem comuns e presentes no nosso cotidiano, brigas no trânsito e competição esportiva. A partir de agora, solicito que selecionem palavras contidas no poema, que têm a ver com cada tipo de abordagem, e anotem embaixo de cada uma delas. Lembrem-se de que as palavras poderão ser repetidas quando for necessário. Manterei o tempo de 30 minutos, onde a atividade deverá ser feita em silêncio para não atrapalhar os demais, e realizada de forma individual.

Como acabaram antes do tempo previsto, Shifu pediu aos jovens discípulos que formassem um círculo no centro da sala, pois esta terceira atividade seria feita em conjunto e teriam que pontualizar os fatos do cotidiano.

Shifu começou falando sobre a briga no trânsito, que é algo comum de se ver no dia a dia. Os motivos são diversos, advêm de agressões verbais, uma pequena colisão entre veículos (a chamada "batida"), a roubada de vaga do estacionamento, o estacionar na frente do imóvel dos outros, a perseguição entre condutores, a buzinadinha intermitente no engarrafamento, o farol alto para acelerar o condutor à frente e outros inúmeros casos que poderiam ser abordados.

– A partir desta narrativa, vocês responderão a pergunta que formularei para vocês, buscando as respostas em suas anotações e assim concluirão em conjunto. Em 20 minutos para cada tema, quero obter as respostas!

Por que as pessoas se tornam agressivas, e o que as levou a perder a cabeça e sair do controle no trânsito?

Shifu observava atento a discussão entre eles, que chegava até a acalorar em alguns momentos. Tinham opiniões adversas, mas com o devido esclarecimento os ânimos acalmavam, dando continuidade à atividade.

Allegra trouxe as respostas ao Shifu, o que deixava claro que aprenderam com o ensinamento das atividades. Então ele começou a lê-la em voz alta:

— As pessoas tornam-se agressivas, pois vivem num completo descontrole emocional. Vivem em duas mentes a consciente e a inconsciente, esta mente criadora que imagina através das crenças que adquiriram ao longo da vida. Os sonhos criados foram todos destruídos, pois a força da razão que brigou com a emoção foi derrotada. Neste embate desigual a emoção prevaleceu, levando as pessoas ao erro eminente de tomar as atitudes de forma descabida, estragando o seu presente do futuro que se cria.

A falta de uma introspecção dos valores, da falta de altruísmo, cegam a mente ignorante, que deixou ser levada pela força de sugestão, cometendo o ato infracionário e estragando o seu viver.

As pessoas perdem a cabeça, pois sempre é muito fácil pegar uma gazela, o que é difícil é enfrentar um leão. Este mesmo leão, que passa a ser interpretado pelos agressores de todos os dias, manifestam o seu instinto selvagem, mostrando o que existe dentro de si. Se sentem um leão de verdade, quando percebe e vê que o domador adormece, o leão resolve atacar para marcar território. Talvez se disfarce usando as velhas cartas escondidas nas mangas ou usará um truque novo da cartola do mágico para assumir a posição de coelho, um coelho doente, que alega que sofre de estresse, que tem contas a pagar, que jogará todas as suas frustrações como uma válvula de escape para justificar o injustificável.

A ira venceu a razão no animal selvagem, que só no confronto direto passa a ser domesticado, consegue conter a sua emoção se o perigo for maior que ele mesmo, então usa a razão consciente a seu favor. Tudo é fácil, tudo é belo. O problema não é a falta de disciplina, pois em momento de perigo o leão se camufla, o que falta é ser ético na essência, é deixar o puro mau-caratismo de lado neste jogo de conveniência, de viver em duas mentes consciente e inconsciente.

Shifu começou então a falar sobre a competição esportiva, especificamente nas lutas.

– É visto na mídia, quando o atleta competidor vai à coletiva, pesagem, ou até para se promover no seu marketing pessoal, tenta intimidar seu adversário usando subterfúgios como insultos e agressões verbais para denegrir e atingir a sua moral, visualizando destruir a imagem do mesmo. Chegam a usar estes artifícios até mesmo durante a competição. E as provocações são muitas: olhares profundos, seguidos de risos, piscadas, lábios que se tocam, deboches de forma desmedida. São ferramentas utilizadas como forma de desequilibrar o oponente.

Esses atletas esquecem do **"Fair Play"**, que em português significa **"Jogo Justo"** e tem a conotação de se jogar limpo, ter espírito esportivo e se espera uma conduta de acordo com padrões éticos, sociais e morais, competindo assim de maneira que não prejudique o adversário de forma proposital.

A agressividade de um lutador com insultos e deboches pode influenciar resultados em uma competição?

Novamente, após a discussão, os discípulos trouxeram uma resposta:

– A área de luta está montada e os dois adversários se enfrentam, buscam uma luz que indica um caminho para a vitória. As estratégias estão sendo montadas, a imaginação que cria e destrói faz parte dos anseios perversos de um competidor que usará a força de sugestão para mexer na emoção. Sua conduta será aplicação de subterfúgios para detrimento da vitória, sua técnica é covarde e descabida.

O juiz apita o início do combate. As ofensas são suas crenças, está cego pelo prêmio, como um menino rebelde que machuca a visão sem tirar os olhos do brilho do sol, esquece o que são valores, integridade e ser um lutador ético. Quando tira os olhos do sol, se depara com a escuridão interior e se entreva mais ainda com a posse do cinturão e com o título de campeão, despertará o lado negro da noite e fará o seu viver.

Ao ler a resposta, Shifu pensou: *Que luta é essa, campeão? Uma luta que tem como técnica muletas, que servem apenas para apoiar suas vitórias e confrontar suas desilusões?*, e logo após comentou:

— Discípulos, à medida que vocês vão avançando na graduação teremos várias atividades parecidas como esta de hoje. Quando refletimos nestes tipos de abordagens interiorizamos valores que serão pontos factuais para moldar a conduta de um lutador ético, e fiquei muito contente pelo que li.

O Instinto Selvagem

Na trilha da busca dos reais motivos que levam a compreensão das várias doenças pertinentes à sociedade, Shifu Wang ensinaria a um jovem discípulo aprendiz a como encontrar respostas através da natureza. Sendo assim, o mandou a uma viagem para Tasmânia.

Seu jovem discípulo aprendiz, lá se deparou com um animal esquisito. Ele tinha focinho "com bico de ave, semelhante ao de um pato", as narinas se abriam neste focinho, os olhos e as orelhas estavam localizados em um sulco. O jovem discípulo aprendiz observava este sulco, que era fechado por uma pele quando o animal estava sob a água. E o animal não tinha orelhas externas.

Sua cauda era semelhante à de um castor. O seu corpo e toda a sua cauda estavam cobertos por uma densa pelagem que tinha a função de formar uma camada de ar isolante para manter o animal aquecido, cobrindo a pele glabra, macia, úmida e encouraçada. Sua coloração, um âmbar profundo com marrom escuro no dorso, acinzentado a castanho amarelado no ventre.

O jovem discípulo aprendiz visualizou ao longe mais dois animais da mesma espécie, um que amamentava seu filhote e a outra que botava ovo. Este animal era uma completa charada, até então um mistério para o jovem discípulo aprendiz.

Voltou a observar o animal que estava diante de si, notou que ele possuía quatro patas e que tinha cinco garras em cada pata, então se aproximou lentamente e como um afago de um pai tentou acariciar o seu filho, porém aquele filhote malvado atacou quem só queria lhe dar amor.

O animal possuía um esporão venenoso em sua pata, que fez o jovem discípulo aprendiz conhecer uma das piores dores que já sentiu em toda a sua vida, a dor era tão forte que teve alucinações. O bicho rosnava tentando intimidar uma possível empreitada por parte do jovem discípulo aprendiz, a natureza deixou em seu dedo, quatro longos meses de uma dor intermitente que doía impedindo que a morfina aliviasse a dor do ataque do malvado ornitorrinco.

A natureza o ensinou que teria que viver nesta sociedade doente de forma inteligente, para que ela não lhe causasse dor, pois a personalidade, o humor e o temperamento podem sofrer alterações em função da adaptação familiar, pedagógica e social em cada indivíduo. E que o desvio de caráter (para o mal), que age sem decência, sem pudor, sem sensibilidade humana, são inerentes a esta sociedade. Este ensinamento trouxe conhecimento ao jovem discípulo aprendiz, mas só veio através da dor.

Capítulo 10

A Aula de Circuito

Shifu Erich preparara uma combinação de exercícios que exigiria muito preparo físico dos jovens discípulos, haja vista que o primeiro dia de treino na nova graduação ficou com o tempo todo tomado pela aula de parte mental, não dando chance do Shifu avaliar como estaria o condicionamento físico de cada um após o retorno das férias, e nem tampouco se os discípulos seguiram as recomendações sugeridas para manterem o condicionamento físico, solicitado por ele.

O trabalho do dia teria uma nova concepção na aplicação das pernas para a atividade nos golpes. Primeiro, a própria diferenciação sobre abertura e chute, um erro muito comum, e principalmente mal compreendida na execução dos movimentos, e isto seria explicado para os discípulos.

A chegada dos discípulos na sala de treino naquele dia deixou bem claro para eles que, aquela aula, quando chegasse ao término, deixaria seus corpos em frangalhos, alguns comentaram que seria melhor providenciar com antecedência a reserva do Rabecão (o carro do Instituto Médico Legal) para levar o que sobrasse dos corpos para casa, pois com aquela quantidade de material espalhado pela sala de treino, formando uma espécie de circuito, criava um ambiente assustador.

Cones, cordas de pular, pesos, obstáculos para saltar, pneus, toquinhos, um corredor preparado para exercícios que envolveria movimentos para rastejar. Tudo isso era a garantia da certeza de que os corpos ficariam "só no pó".

Já tinha sido de se estranhar toda aquela generosidade no primeiro dia de aula, então a faixa nova era a prova viva de que os desafios e as cobranças aumentariam cada vez mais.

Shifu começou perguntando para os discípulos qual a diferença entre abertura e chute. Como ninguém se manifestou, começou dizendo que abertura está classificada para toda a execução feita com perna sem que a mesma seja flexionada, estando com a perna totalmente estendida. Sendo assim, o chute seria a classificação para os movimentos em que a perna seja flexionada (ou dobrada) para a aplicação do movimento. E tanto para abertura como para o chute, seria necessário gravar os nomes e memorizar cada tipo de movimento, pois se não tivessem todos na cabeça não teriam como aplicar o golpe por falta de registro na mente.

Houve então uma mudança durante o preaquecimento, Shifu explicou que o mesmo passaria a ser iniciado por algum discípulo que se habilitasse a encarar o desafio. Quando, de repente, dois braços se elevaram: eram Leonardo e Shofia se habilitando para assumirem a tarefa solicitada.

Não havendo mais interesse por parte dos outros discípulos, Shifu se contentou em ver que havia dois interessados, e que havia a possibilidade de alternância no revezamento de comando entre eles. Era bem significativo e também de grande importância para escola o posicionamento dos dois jovens aprendizes.

Às vezes, as pessoas têm a chance de crescer, de se expor, de aprender com as novas experiências que a vida lhe proporciona, podendo dar algo de si, e de tentar melhorar o que existe. Porém, a maioria prefere manter-se no anonimato, sem sair do convencional. Procuram pretextos para apoiar suas decisões, anularem-se, sem esboçarem qualquer tipo de comprometimento para não saírem da zona de conforto em que se encontram. Não conseguem, por falta de visão, se expandirem na busca de seu desenvolvimento físico e mental.

No mundo negociante e competitivo no qual pertencemos, os indivíduos que buscam uma melhora são disputados por grandes corporações, que crescem na mesma proporção porque não perderam a oportunidade de contratar profissionais com o currículo capaz de direcionar a empresa na busca de resultados.

A grande armadilha é que há pessoas que redigem seus currículos para ocupar cargos que não lhe pertencem e acabam ocupando essas posições. Porém, no confronto direto, não refletem com as expectativas relatadas no seu currículo. O mesmo fora bem redigido, mas as empresas competitivas não ficam na zona de conforto, demitem o belo currículo por incompetência quando exercem a função de forma anônima.

O pior é que, mesmo assim, o currículo acrescentará como a sua última experiência o cargo que nunca lhe pertenceu, na sua busca anônima de ser o que não é.

Shifu solicitou para a jovem discípula Shofia iniciar o preaquecimento, e informou sobre o revezamento das alternâncias de comando entre ela e o discípulo Leonardo, deixando estipulado, que cada dia seria um a comandar.

Shofia seguiu rigorosamente todos os comandos do preaquecimento, parecia até algo comum para a forma como ela conduziu todos os comandos, e em nenhum momento titubeou nem sequer gaguejou. Realmente estava preparada para ocupar aquela função.

Todos os alunos já estavam perfilados esperando as tarefas, e foi solicitado para que dessem cinco voltas completas por todo o circuito montado na sala de treino. Na verdade, o circuito era uma bateria de exercícios que visavam um maior desempenho da nova graduação.

Alguns dos exercícios remetiam a movimentos de animais. Haviam 54 toquinhos intercalados, que direcionavam os discípulos a passarem entre os mesmos fazendo um zigue-zague, este lembrava a sacudida do corpo do Dragão. Os saltos ágeis seguidos de rolamentos acrobáticos incorporavam as movimentações do Macaco. O equilíbrio sobre a madeira com apenas um pé e com os dedos das mãos unidos em forma de bico era igual ao de uma Garça. O rastejar se assemelhava ao movimento da Serpente.

Com essas e tantas outras tarefas, após terem completado as cinco voltas, os discípulos já davam sinal de cansaço. Shifu queria mais, solicitou para os jovens que se aproximassem dos 54 toquinhos e pediu para que cada um pegasse dois deles, dando início ao trabalho de flexões.

Como toda a aula seguia uma programação, Shifu definira para atividade daquele dia algo jamais feito pelos discípulos, uma nova abordagem que envolveria chutes, pois na fase anterior só aprenderam aberturas. Sendo assim, separou os seguintes trabalhos para atividades: Chutes Coordenados, Chutes Múltiplos, Chutes Simultâneos e Chutes Combinados.

Para estes chutes Shifu estabeleceu uma série reduzida de quinze chutes para ser aplicados em cada guarda, mantendo o mesmo critério de padrão já conhecidos por todos: a guarda número dois para o lado esquerdo do corpo e a guarda número três para o lado direito do corpo.

Os discípulos, que já apresentavam cansaço pelos exercícios anteriores, estavam completamente exaustos e esgotados fisicamente. O rosto de cada um deixava bem claro que a superação estava prevalecendo, pois na entrada da sala de treino estava colocado todo o roteiro de atividade do dia, e sabiam que nela havia ainda mais dois trabalhos a serem realizados: os Socos de 0 a 9 e a primeira arma que aprenderiam a manusear, o Bastão, a arma que deu origem a todos as outras usadas até hoje no Kung Fu.

Shifu era um homem sábio e deixou aquela atividade para ensinar por último, pois sabia que toda a ansiedade de aprender a manusear o Bastão faria renascer um fluxo de energia dentro de cada um, que iria além da superação e do vencer limites do próprio corpo.

Shifu colocou todos os jovens aprendizes perfilados nos seus respectivos lugares e solicitou que assumissem a posição do Cavalo, com o braço esquerdo à frente, para dar início aos Socos de 0 a 9. Quando Shifu solicitou a quantidade de 500 socos, contando alto e forte em cadência, todos os discípulos direcionaram seus olhares para um só lugar, a fim de hostilizar qualquer possibilidade do jovem discípulo Edson exacerbar qualquer tipo de comentário que viesse a prejudicar o grupo.

Todos conheciam bem o pulo do gato que o Shifu daria para disciplinar possíveis manifestações contraditórias aos seus posicionamentos de comando, e o temor de um possível aumento na quantidade do exercício, seria visto pelo grupo como uma forma de repúdio e também um desrespeito, não só ao Shifu como também aos colegas de treino. Eles já tinham entendido que não se pode brincar com tudo o que é sério. Sendo assim, tudo transcorreu da forma natural que devia.

Todos os discípulos retiraram um bastão de seu suporte, com seus 1,85 m de comprimento, com um raio de circunferência de 40 mm (ou 1"1/4) feito em madeira de peroba. Para os discípulos, estava difícil de identificar se o bastão era mesmo tão pesado ou se o cansaço, fazia com que ele pesasse toneladas.

Shifu explicou que o bastão deveria se tornar um prolongamento do corpo dos discípulos, e deveria formar uma peça única do uso de perna aliados à cintura e a explosão dos braços, com a combinação de movimentos rápidos e fortes. Movimentos estes, circulares, para serem realizados de modo a se obter mais amplitude. Bem como as pancadas rápidas de estocadas, varridas para execução dos movimentos de ataque e defesa, e aliados ao peso do bastão, daria a eles tônus muscular e contribuiria para uma maior potência, ajudando a desenvolver os deslocamentos como também o fortalecimento de juntas e tendões dos braços, que deixaria os discípulos mais ágeis e fortes.

Ao término daquela atividade, era a certeza de que os discípulos chegariam em casa e dormiriam feito uma tora, para Shifu foi a satisfação e a certeza de mais uma jornada cumprida.

Shifu intensificava os treinos, e tudo vinha transcorrendo de acordo com o planejado. Assim se passaram três longos meses de muito trabalho nesta nova graduação na vida dos jovens discípulos aprendizes. Esses três meses deixaram como marca a disciplina, que já se fazia presente na conduta dos jovens, bem como o aumento da massa corpórea na obtenção de ganho de tônus musculares. Também era visível, sem exceção, o nível de condicionamento físico que apresentavam, estavam acima das expectativas da própria graduação que ocupavam, o que facilitaria muito no desempenho para o desenvolvimento da próxima graduação.

O mais bonito da vida, é quando alguém manifesta empatia pelo que você faz, que valoriza o lugar em que está, e enxerga tudo o que foi agregado de novo em sua vida. Dois discípulos, dois comportamentos tão diferentes, ambos foram aptos para servir à pátria, fizeram todo o processo de alistamento militar, sendo este, um ato obrigatório para todo cidadão brasileiro ao completar 18 anos e ser do sexo masculino (em tempo de paz, as mulheres são isentas de alistar-se).

Robson, entrou na sala do Shifu como um foguete, chorando em prantos que mal dava para entender o que ele dizia, com um documento em mãos chamado CAN. Mostrou-o para o Shifu, havia a marca de um carimbo escrito "apto" na seleção. Ele teria que servir por imposição, contra sua vontade e seus anseios.

Isso fez com que ele desmoronasse, em lágrimas que não cessavam. Para ele, seus sonhos, seus objetivos e suas metas, todas acabaram com aquele carimbo, que colocou em sua mente um ano perdido em sua vida. Robson já se sentia parte da escola de arte marcial, seus pais ligavam reclamando de tanto fanatismo e de tanta dedicação pelo Kung Fu. Tinha como irmãos todos os seus companheiros de treinos e sonhava em fazer parte da primeira formação de faixa preta da escola, isso era algo que mexia no âmago daquele jovem.

Shifu falou para o jovem discípulo Robson:

– É nas adversidades que surge um verdadeiro discípulo. Algo de muito novo está para surgir em sua vida, e concordo que não fazia parte dos seus sonhos, dos seus objetivos, das suas metas, e sei que em nenhum momento você traçou algo assim para si, mas tudo que julgou importante em sua vida mudará.

– O que você não pode negar – continuou dizendo – é que você foi escolhido a viver um sonho que não era seu. Talvez por isso nunca deu tanta importância a ele, porém ele estava ali diante de você, sempre lhe pertenceu. Agora olhe para frente e siga este novo caminho, com a mesma entrega e dedicação, e você conseguirá absorver todo o aprendizado existente por lá. Esta experiência foi algo que eu mesmo quase tive o privilégio de viver, fui apto durante o processo de seleção fazendo parte do efetivo variável, virando um conscrito, porém sofri baixa por excesso de contingente durante o processo, e nem sequer recebi no meu uniforme e a sutache, que marca o nome e o tipo sanguíneo do recruta. Quem sabe esta nova entrega siga o mesmo caminho do fanatismo do Kung Fu, tão reclamado pelos seus pais. Tenho a certeza de que verei um jovem recruta se formando pela primeira vez, transformado em um grande homem, com um novo sonho no caminho do engajamento e da ascensão da carreira militar.

Nelson foi a decepção. Os meses foram passando e nem uma ligação, um simples e-mail, nada que justifique tanta indiferença, parece que não construíra nada por lá, esqueceu que já estava enraizando na escola e que seu livro estava em construção. Simplesmente rasgou as páginas e foi rumo ao serviço militar.

Para o Shifu existem três tipos de discípulos: os que ficam, os que foram e os que vão. E Nelson fora mais um destes, dos que vão, largando a própria raiz morta por abandono.

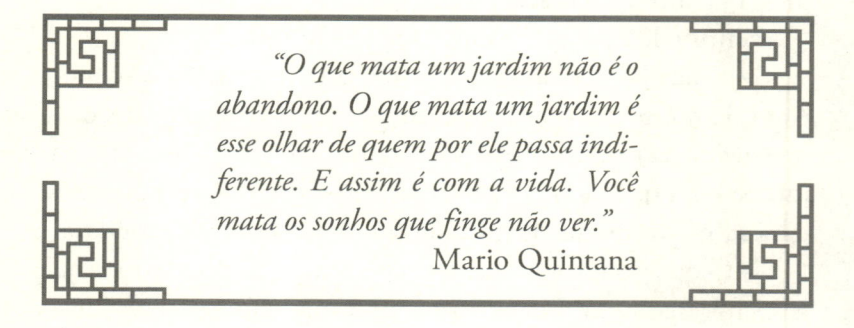

"O que mata um jardim não é o abandono. O que mata um jardim é esse olhar de quem por ele passa indiferente. E assim é com a vida. Você mata os sonhos que finge não ver."
Mario Quintana

Capítulo II

As Duas Histórias e Seus Ensinamentos

No calendário de atividades havia uma pequena chamada, nela estava escrito "imperdível". Os 25 discípulos estavam ansiosos, pois Shifu iria contar-lhes duas histórias, uma sobre um mosteiro zen-budista e outra que falava sobre iniciativa. Os jovens discípulos adoravam aulas de parte mental, pois sempre vinham com bons ensinamentos e despertavam os jovens discípulos para atitudes mais coerentes, com a devida reflexão que se deve ter.

Os Monges

No Parque Geológico Zhangye Danxia na província de Gansu, no norte da China, o qual está repleto de montanhas, as cores das montanhas são formadas basicamente de arenito e outros minerais. Todo o lugar parece ter sido pintado à mão e com muito cuidado posto lá. Toda essa obra vem única e exclusivamente da natureza, algo de uma beleza que chega a impactar os olhos de quem vê.

E, falando em olhos, nas redondezas deste belo lugar situava--se um pequeno mosteiro zen-budista que era administrado por dois irmãos: o primogênito era um homem muito inteligente, era visto por todos os monges do mosteiro como um sábio, já o irmão mais novo, um verdadeiro "mocoronga", uma espécie de tolo, tinha deficiência em um dos olhos, que aqui na história, iremos vulgarmente chamar de *caolho*. Ele só enxergava com o olho do lado direito, o do lado esquerdo era de vidro.

Um viajante que passava pelas montanhas, não encontrava um lugar naquela região para se hospedar, então um morador local informou sobre o mosteiro e o viajante foi até lá para ver se eles teriam uma vaga para pernoitar. Chegando ao local indicado, encontrou um monge varrendo a frente do portão e perguntou se eles teriam uma vaga para que ele pudesse pernoitar. O monge levou o viajante para conversar com o administrador principal, que era o irmão mais velho.

Ao escutar o pedido do viajante propôs-lhe um desafio, pois lá no mosteiro nada vinha sem esforço. Se o viajante conseguisse vencer um de seus monges em um debate sobre o zen-budismo, dariam a hospedagem.

Colocou, diante do viajante, três monges para que ele pudesse escolher seu futuro adversário. Durante sua escolha entrou na sala o irmão mais novo, todo destrambelhado, trazendo uma caixa cheia de pergaminhos, então o viajante apontou para o irmão mais novo e disse:

– Quero o embate com este monge que acabou de adentrar na sala, isso se o senhor assim permitir.

O irmão mais velho dirigiu o olhar para os outros três monges e agradeceu pela presença dispensando-os do embate, dando a confirmação da certeza ao viajante que consentira o confronto com seu irmão mais novo.

– Pois bem, você poderá enfrentar meu irmão mais novo, contudo o único critério para este confronto é que ambos terão que debater em um completo silêncio.

Lógico que o irmão mais velho só propôs isso, pois temia que seu irmão mais novo fosse "mocorongar" e cometer enganos, deixando a imagem de que lá não havia pessoas sábias.

Passaram-se 40 minutos daquele embate, quando o irmão mais velho vê o viajante com sua mochila nas costas vindo ao seu encontro.

– Que monge sábio é seu irmão mais novo! O subestimei quando o vi, e hoje saio deste mosteiro com o ensinamento da derrota deste confronto.

O irmão primogênito, abismado pelos elogios proferidos a seu irmão mais novo, solicitou ao viajante que lhe informasse, se possível, sobre o embate.

– Ficamos olhando um para o outro, sem dizer nada por aproximadamente 30 minutos, quando resolvi erguer um dedo simbolizando Buda, então sua resposta foi muito rápida ele elevou dois dedos simbolizando Buda, e seus ensinamentos.

O viajante continuou dizendo:

– Coloquei-me a pensar e ergui três dedos para representar Buda, seus ensinamentos e seus discípulos. E seu irmão mais novo, inteligente e sábio como ele é, sacudiu o punho cerrado, com todos os dedos da mão fechados e levantou-o bem à minha frente, indicando que todos os três vêm de uma única realização. Gostaria de agradecer novamente pelo ensinamento.

Então se despediu no portão de saída, indo embora.

O irmão mais velho fechou o portão e, ao adentrar no mosteiro, escutou o jovem monge "mocoronga" andando de um lado para o outro, com o semblante enrugado e batendo a mão direita fechada na palma da mão esquerda aberta, com traços de um total desequilíbrio, estando pronto para atacar e certo do embate eminente.

Vendo seu irmão daquele jeito perguntou:

– O que fez aquele viajante que o deixou tão furioso?

E o irmão caolho respondeu:

– Esse viajante debochou de mim! Ficou 30 minutos olhando minha deficiência, aí levantou um dedo, insultando minha deficiência indicando que só tinha apenas um olho. Mas como foi você que sugeriu o desafio com o viajante, eu não quis responder à ofensa. Me contive e ergui dois dedos, para parabenizá-lo por ele ter dois olhos. E aquele mequetrefe levantou três dedos, indicando que eu e ele juntos tínhamos três olhos. A partir daí perdi a cabeça, sacudi o punho cerrado, com todos os dedos da mão fechados e ameacei dar-lhe um soco no meio da cara. De repente, o viajante se levantou colocou a mochila nas costas e saiu, indo embora feliz por ter me ofendido.

Não é comigo

Esta é uma história, sobre quatro pessoas: **Todomundo**, **Alguém**, **Qualquerum** e **Ninguém**.

Havia um importante trabalho a ser feito e **Todomundo** tinha certeza de que **Alguém** o faria.

Qualquerum poderia tê-lo feito, mas **Ninguém** o fez.

Alguém zangou-se porque era um trabalho de **Todomundo**.

Todomundo pensou que **Qualquerum** poderia fazê-lo, mas **Ninguém** imaginou que **Todomundo** deixasse de fazê-lo.

Ao final, **Todomundo** culpou **Alguém** quando **Ninguém** fez o que **Qualquerum** poderia ter feito.

(Adaptação do texto "A Poem About Responsability", de Charles Osgood)

O que podemos tirar de proveito destas duas histórias?

A primeira é que as pessoas estão sempre procurando nos outros e na vida a confirmação do que elas acreditam. Buscam respostas que já têm solução definida, subestimam pessoas, esquecendo-se de que a simplicidade de ser depende apenas do olhar lançado para elas. Pois quem só enxerga a vitória acaba tornando-se sábio da própria ignorância, muitas vezes vencido pela própria mente que criou todas estas variáveis.

O êxito está em ter êxito, e não em ter condições de êxito. É preciso avaliar todas as possibilidades de uma forma sensata na obtenção do verdadeiro êxito.

Já na segunda história, fica bem claro o ócio presente na falta de comprometimento de envolvimento, inerentes aos limites da própria vontade de combater este estado de inércia e de conformismo, à espera de poder se culpar, muitas vezes, se penitenciando por não ter realizado.

Tire o pé da lama, que o impede de seguir. Pule da cama e veja quantas coisas tens para fazer, não fique esperando que **Todomundo** culpe **Alguém** quando **Ninguém** fez o que **Qualquerum** poderia ter feito. Faça você mesmo!

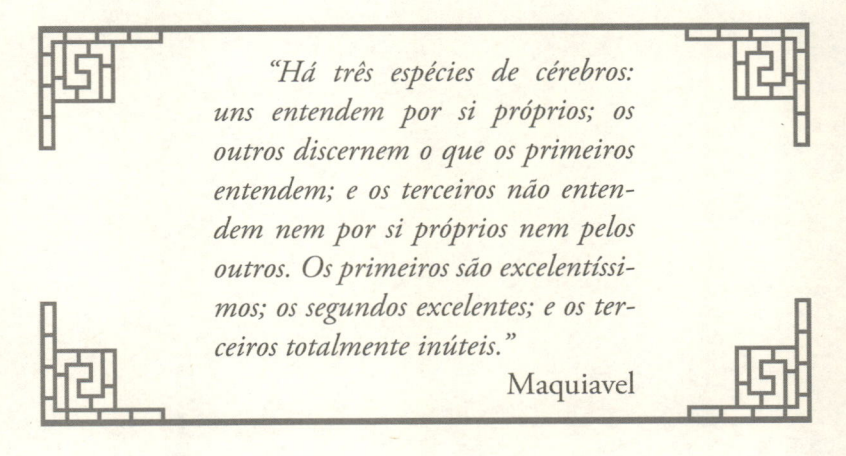

"Há três espécies de cérebros: uns entendem por si próprios; os outros discernem o que os primeiros entendem; e os terceiros não entendem nem por si próprios nem pelos outros. Os primeiros são excelentíssimos; os segundos excelentes; e os terceiros totalmente inúteis."
Maquiavel

Assim, não terás tempo de ficar preso a estas quatro pessoas, que o impedem de alcançar o sucesso.

Capítulo 12

O Fim do Segundo Ciclo de Base

Sete longos meses de um intenso treinamento levaram os 25 discípulos a finalizar o segundo ciclo de base e todos estavam preparados para prestar seu segundo exame, mudar de faixa e poder, assim, ocupar e avançar a mais uma nova graduação.

Era uma manhã de domingo muito fria e chuvosa de 28 de julho de 1996, com horário previsto para realização do exame às 9h.

Como da primeira vez, tudo já fora preparado anteriormente. A filosofia fixada no quadro continha, a seguinte mensagem:

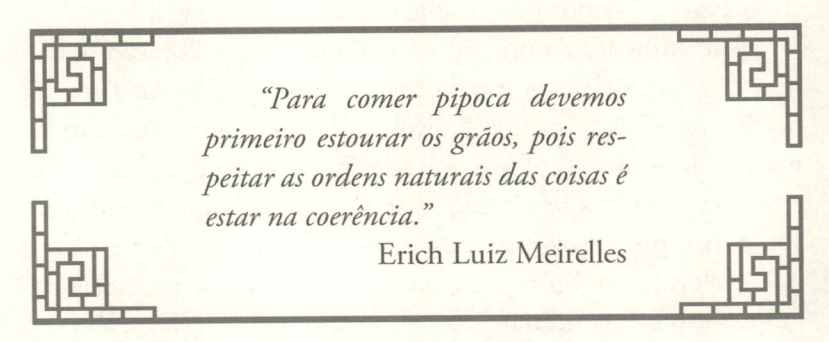

"Para comer pipoca devemos primeiro estourar os grãos, pois respeitar as ordens naturais das coisas é estar na coerência."

Erich Luiz Meirelles

A ansiedade dos discípulos parecia que estava mais controlada. Ter passado por esta experiência anteriormente (participar de um exame para troca de faixa) trazia um pouco de alento aos jovens. Porém, aquele evento despertava na mente dos jovens discípulos a mesma sensação de perigo do exame anterior, fazendo com que o cérebro liberasse uma descarga de adrenalina e noradrenalina através das glândulas suprarrenais, que por sua vez libera outros 30 hormônios.

Esta adrenalina passa a ser despejada na corrente sanguínea dos jovens discípulos, o que ocasiona aquele famoso "frio na barriga" (que todas as pessoas sentem na hora de se apresentar em público). Tecnicamente, este processo é chamado de vaso-constrição visceral.

Os efeitos começaram a aparecer no corpo dos jovens dis-cípulos de uma forma bem clara. Os sintomas presentes eram devido ao coração, que começou a bater rápido demais, pois o fluxo de sangue e a taxa de glicose se elevaram.

Naquele momento, Shifu Erich fazia uma analogia em sua mente, comparando o aumento da frequência sanguínea e as batidas do coração ao ritmo de uma bateria de escola de samba, onde as batidas são comandadas pelo mestre de bateria, libe-rando a descarga de adrenalina necessária de forma harmoniosa para acelerar os integrantes durante a evolução, marcando o compasso dos sambistas durante o desfile de carnaval.

Este aumento da pressão arterial que fazia o coração bom-bear o sangue e distribuir para os músculos e cérebro dos jovens discípulos, fazia com que houvesse um aumento significativo nas pupilas dos seus olhos, que se dilatavam. Seus músculos se tencionavam e sua respiração se acelerava para captar mais oxi-gênio. Isso tudo provocou mudanças na frequência respiratória, que se elevou, nos brônquios, que se dilatavam e seus vasos san-guíneos, que se contraíam.

Alguns discípulos estavam pálidos. A mudança na cor da pele, bem como dos lábios, era perceptível. Alguns já transpira-vam antes mesmo de começar. O nervosismo tomava conta e o suor tinha o papel de resfriar o corpo.

Mas o nervosismo não era só pela insegurança em ter todas as pessoas que vieram ver a troca de faixa, representadas por seus familiares, seus amigos e das várias pessoas que vieram prestigiar seus companheiros de treino durante o exame. Estava em jogo, também, a própria avaliação deles, na cobrança da busca de resultados que se autoimpuseram.

Às 9h em ponto Shifu entrou na sala de treino, notando algo de novo referente à postura dos convidados dos jovens discípulos. Esta também mudara, parecia que eles tornaram-se discípulos do Shifu: todos se mantinham sentados, com conversas que pareciam sussurrar, uma postura muito diferente do exame anterior.

A porta de treino se fechou, o velho barulho das hélices dos ventiladores cortando o ar se fez presente e Shifu Erich, que sempre mantém os mesmos hábitos, começou cumprimentando todos os presentes e se apresentando para quem não o conhecia. Logo após, resolveu falar um pouco sobre o evento daquele dia.

– Uma boa parte das pessoas aqui presentes que vieram prestigiar o exame do segundo ciclo de base, bem como uma boa parte das pessoas do Ocidente, têm em mente atrelado um conceito de que na arte marcial tudo se resume através das conquistas de faixa, e muitos perdem tempo se questionando quanto tempo demora cada graduação, quanto tempo leva para se chegar à faixa preta. O que poucos sabem é que no Kung Fu, lá no Oriente, não existem faixas e graduações. Na China, os discípulos (Praticantes) vão aprendendo conforme estão evoluindo, não existe um tempo preestabelecido. Tudo dependerá da dedicação e da capacidade de assimilação do discípulo.

Shifu Erich explicou que no Ocidente, como uma forma de estímulo, através das representações de classes como escolas, associações, ligas, federações e confederações, foi criada e empregada uma metodologia, que passou então a adotar critérios de graduação por faixas, camisas coloridas etc. Isso vem de encontro aos interesses das classes, na busca da organização para os eventos de desporto e também para a estrutura organizacional de cada escola.

Porém, para o verdadeiro discípulo de Kung Fu, está claro que sua busca consiste no rumo constante de uma trajetória entre corpo, mente e alma, e que terá seu desenvolvimento progressivo, passo a passo, como regem as Artes Marciais Chinesas – com muita paciência, perseverança e dedicação, indo de encontro a obtenção dos valores que sua escola e seu Shifu almeja nele, criando um desprendimento das conquistas de faixa ou graduação.

– Se observarem à vossa direita, está fixado o quadro com a ordem de graduação de nossa escola. Inicialmente, temos os ciclos de base que estão divididos em três ciclos, sendo a faixa branca o primeiro ciclo, a faixa amarela para o segundo e o terceiro e último ciclo de base, a faixa laranja. Estes são chamados ciclos de base pois constituem a base necessária para o desenvolvimento da capacidade motora, bem como da habilidade motora e, principalmente, da parte cognitiva, que envolve fatores diversos, como o pensamento, a linguagem, a percepção, a memória e o raciocínio, que fazem parte do desenvolvimento intelectual, necessário para a prática do Kung Fu.

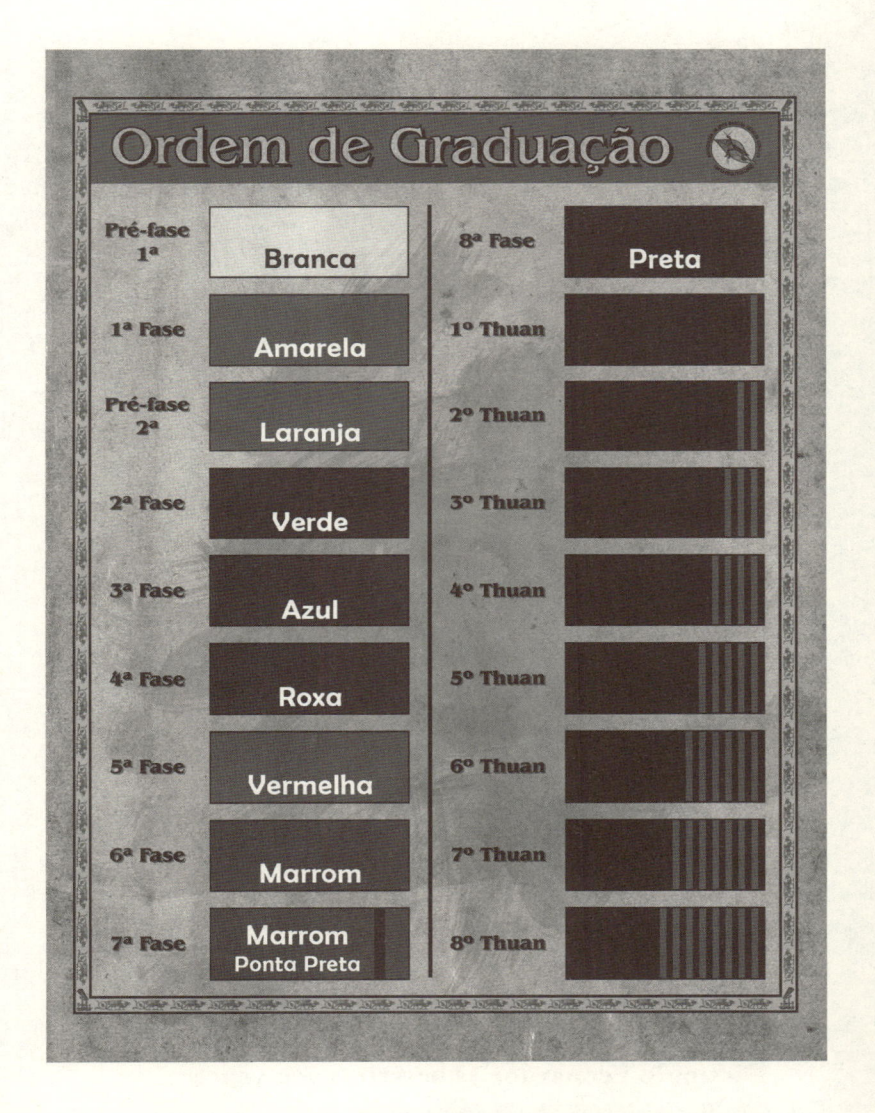

Ordem de Graduação

Pré-fase 1ª	Branca	8ª Fase	Preta
1ª Fase	Amarela	1º Thuan	
Pré-fase 2ª	Laranja	2º Thuan	
2ª Fase	Verde	3º Thuan	
3ª Fase	Azul	4º Thuan	
4ª Fase	Roxa	5º Thuan	
5ª Fase	Vermelha	6º Thuan	
6ª Fase	Marrom	7º Thuan	
7ª Fase	Marrom Ponta Preta	8º Thuan	

Informações do Quadro de Graduação da AAMSKF

Logo após a explicação, Shifu Erich disse:

— E a partir de agora o discípulo Leonardo iniciará todos os comandos que houver no exame. Durante a corrida eles cantaráo a música 2, de título "O caminho da verdade", que fará parte também do critério de avaliação na pontuação das notas dos jovens discípulos.

O sino foi tocado para sinalizar o início do exame para os 25 discípulos. O discípulo Leonardo solicitou para que todos se cumprimentassem da forma tradicional e, logo após, solicitou para a discípula número 01 que puxasse a corrida em torno da sala. Então, sob o seu comando, iniciou-se a música, e à medida que o jovem discípulo Leonardo cantava, todos os outros discípulos repetiam a música, mantendo o mesmo ritmo, pois aquela atividade já pontuava.

Música 2 – O Caminho da Verdade

Discípulo Leonardo: Um treino eu vim fazer
Os discípulos: Um treino eu vim fazer
Discípulo Leonardo: Para o corpo melhorar
Os discípulos: Para o corpo melhorar
Discípulo Leonardo: Corro, pulo, salto e rolo
Os discípulos: Corro, pulo, salto e rolo
Discípulo Leonardo: Vou correndo sem parar
Os discípulos: Vou correndo sem parar
Discípulo Leonardo: O caminho é muito árduo
Os discípulos: O caminho é muito árduo
Discípulo Leonardo: As barreiras vou vencer
Os discípulos: As barreiras vou vencer
Discípulo Leonardo: No caminho da verdade
Os discípulos: No caminho da verdade
Discípulo Leonardo: O suor é disciplina
Os discípulos: O suor é disciplina
Discípulo Leonardo: Com a mente equilibrada

Os discípulos: Com a mente equilibrada
Discípulo Leonardo: O esforço não é visto
Os discípulos: O esforço não é visto
Discípulo Leonardo: Corro, pulo, salto e rolo
Os discípulos: Corro, pulo, salto e rolo
Discípulo Leonardo: Vou correndo sem parar
Os discípulos: Vou correndo sem parar
Discípulo Leonardo: O caminho é muito árduo
Os discípulos: O caminho é muito árduo
Discípulo Leonardo: As barreiras vou vencer
Os discípulos: As barreiras vou vencer
Discípulo Leonardo: Com a força do meu corpo
Os discípulos: Com a força do meu corpo
Discípulo Leonardo: Um caminho vou trilhar
Os discípulos: Um caminho vou trilhar
Discípulo Leonardo: Para um treino terminar!
Os discípulos: Para um treino terminar!

Após a corrida em torno da sala e da música cantada por todos, o jovem discípulo Leonardo pediu para todos os jovens discípulos para que retornassem cada qual em sua coluna, retornando assim à mesma disposição da formação inicial do exame, e logo após iniciou a passar comando por comando.

As pessoas que os assistiam observavam, admiradas de ver aquele jovem que, além de fazer toda a atividade física, ainda comandava. Era impressionante o vigor físico que todos adquiriram. O sincronismo, o rigor e a disciplina, eram também algo muito bonito de se ver.

Tudo transcorreu como previsto, do mesmo jeito que fora no exame anterior. O discípulo Leonardo terminou todos os comandos e retornou à sua posição inicial após colocar todos os alunos perfilados na sua devida formação.

Shifu então subiu ao palco e pediu para que, um discípulo de cada vez, o entregasse em suas mãos o seu crachá com o número do exame, totalizando 25 crachás. À medida que lhe entregavam o crachá, ele colocava em suas mãos a faixa laranja, que representava a nova graduação que eles cursariam. Os discípulos a recebiam e retornavam à formação do exame.

Quando o Mestre terminou de entregar todas as faixas, solicitou para o jovem discípulo Leonardo que encerrasse o exame, sendo prontamente atendido, liberando assim seus discípulos para confraternizarem com seus familiares e amigos presentes e comemorarem sua aprovação.

Capítulo 13

O Terceiro Ciclo de Base

O último ciclo de base se iniciou em uma manhã muito fria de segunda-feira, 29 de julho de 1996, acompanhada de uma chuva torrencial. O céu estava negro, os ventos ultrapassavam 80 km/h, deslocando placas e deixando os semáforos inoperantes. A força da água trazida pela chuva arrastava tudo o que tinha pela frente. Os carros buzinavam pela tamanha desordem do incômodo causado no dia.

Para os pessimistas, todo aquele caos levava a crer na possibilidade de um mau presságio para aquele dia. Mesmo assim, Shifu Erich e sua companheira, Sra. Andrea, saíram de sua residência, como de costume, em direção à AAMSKF. Estavam motivados para iniciar um novo trabalho para o último ciclo de base. O Shifu, que já programara as atividades da semana, não via a hora de chegar à escola, fixar as atividades no quadro de aviso e ficar de longe, visualizando os semblantes de cada um dos jovens discípulos aprendizes olhando a programação de treino e o conteúdo técnico da nova graduação.

Ao chegar, Shifu Erich manteve o mesmo padrão de sempre e colocou no quadro de filosofia da semana a seguinte mensagem:

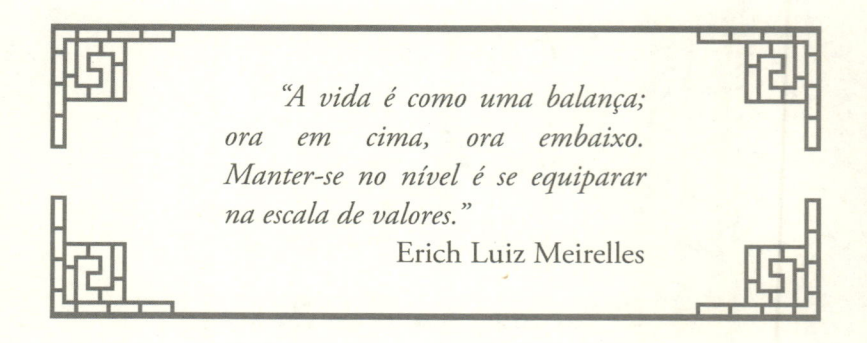

Como chegaram duas horas antes do horário previsto para o início das atividades, Shifu Erich e sua companheira ficaram realizando tarefas administrativas.

Com uma hora de antecedência chegou o jovem discípulo aprendiz Ailton que, com muito entusiasmo, foi em direção à secretaria onde Shifu realizava suas tarefas, bateu na porta e perguntou se o Mestre poderia atendê-lo antes do início da aula, pois todos os discípulos já sabiam que o Shifu só atendia depois do término do treino.

Devido ao tamanho do entusiasmo que o jovem apresentava, Shifu resolveu não "jogar um balde de água fria" naquele jovem tão motivado, que parecia querer relatar algo muito importante, e se predispôs a escutá-lo.

— Mestre, no bairro onde moro, abriu uma academia e meu irmão mais velho já se inscreveu. Eu queria perguntar e também saber do Mestre se o senhor não se importaria se caso eu resolvesse fazer Kung Fu nas duas escolas ao mesmo tempo?

E, antes que o Shifu pudesse responder, Ailton continuou dizendo:

— Nessa nova academia que meu irmão entrou, o valor que estão cobrando chega a ser 35% mais barato do que o praticado em nossa escola, e o que me deixou muito feliz é que a secretária dele disse para mim que a cada aluno que eu levasse e viesse a efetuar a matrícula, ela aumentaria o meu desconto. Eu até distribuí os panfletos de lá para o pessoal da nossa escola, quem sabe eles não querem aproveitar as técnicas ultrassecretas que o honorável Mestre de lá ensina.

Shifu Erich, a esta altura do campeonato, resolveu deixar o aluno Ailton terminar toda a história para ver no que daria.

— A moça da secretaria falou para mim e para meu irmão mais velho que o honorável Mestre ministra todas as aulas de máscara, e que o honorável Mestre deveria ser chamado por todos os seus discípulos de Mestre Mascarado. Isso porque o seu Kung Fu fora aprendido na China, suas técnicas são ultrassecretas, e se os chineses descobrissem que ele estava ensinando o puniriam severamente e impiedosamente por ter revelado as técnicas totalmente invencíveis, sobre as quais ele prometeu manter segredo e sigilo absoluto, sob juramento.

A tal escola dizia que as técnicas do Mestre Mascarado foram todas desenvolvidas em Hong Kong pelo seu já falecido Mestre, sendo assim trazidas por ele de forma clandestina para o Brasil. Dizia também que, somente com as noções básicas que ele ensinava, seus discípulos poderiam, de forma fulgurante, obter o poder de paralisar o adversário e deixá-lo imediatamente inofensivo.

E o melhor: sem "corpo a corpo". O aluno triunfaria sobre qualquer "mastodonte", estando sempre pronto para enfrentar dois, três ou até mesmo quatro oponentes, colocando-os fora de combate instantaneamente. Os discípulos teriam a certeza de poder perambular pelos quarteirões mais sinistros e desertos, graças ao poder ultrassecreto do Kung Fu que ele ensinava, e **NADA** poderia amedrontar seus discípulos, que estariam sempre prontos para derrotar e enfrentar **QUALQUER** tipo de situação.

— Olha que bonito o lema da escola, Shifu! — disse Ailton. — Se correr o bicho pega e se ficar o bicho come.

Shifu começou a divagar em pensamentos, tentando achar o que falar, pois eram várias as situações dentro de um universo tão grande de problemas que surgiram e deviam ser solucionados.

Shifu Erich, que sempre esteve atento ao comportamento do jovem aprendiz Ailton, não poderia negligenciar aquela panfletagem feita dentro da sua própria escola. A base que era ensinada àquele jovem discípulo aprendiz criava no Mestre a expectativa de obter bons resultados, e nada de tão grave havia ocorrido até então. Porém, a doutrina que Shifu Erich recebera era bem clara: se existe um problema elimine antes que ele contamine todo o ambiente, pois o problema poderá se tornar gigante e tentará criar a insatisfação. Sendo assim, seria preciso agir para que se evitasse maiores danos à escola.

Muitas empresas sofrem com este mesmo tipo de problema. Desenvolvem todo um processo seletivo criando suas dinâmicas de grupo, fazendo entrevistas, oferecendo treinamentos para a contratação de um profissional e com o departamento de Recursos Humanos se esmerando na procura árdua para contratar um profissional dinâmico, que se ajuste ao perfil do cargo e da empresa.

Porém, quando este funcionário inicia em suas funções ele se depara, dentro da empresa, com colegas de trabalho desmotivados, que passam o dia se queixando da empresa onde trabalham, reclamando de que lá ninguém é valorizado, que o espírito de equipe já deve ter reencarnado em outra empresa, e que tudo que o departamento de Recursos Humanos prometeu não existe: a empresa não dá oportunidade de crescimento e não valoriza os profissionais de lá, a remuneração de vários profissionais está abaixo do valor de mercado etc.

Este tipo de ataque vai minando aos poucos a produtividade e a motivação do recém-contratado, prejudicando o seu rendimento e criando a insatisfação e os questionamentos. Sabemos muito bem, por meio do que a psicologia nos revela, que as pessoas são suscetíveis, e em um momento estas influências começam a corromper a mente de tanto se ouvir. Começam a surgir dúvidas, que acabam desmotivando os profissionais e atravancam as dinâmicas da empresa.

Por isso, são necessárias medidas construtivas por parte do gestor. A empresa não pode ser corroída pelo cupim da insubordinação, este mesmo que viola segredos da empresa, difama seus colegas de trabalho, cria intrigas entre pessoas e departamentos, faz suas "listas negras" particulares. Transforma-se no verdadeiro funcionário-problema, que só prejudica os colegas. Torna-se sanguessuga da boa-fé, age sugando e enfraquecendo as engrenagens de sua empresa.

As empresas, por sua vez, tentam salvar o funcionário com treinamentos fracos e listas de desempenho de produtividade que são, muitas vezes, analisadas por emoção e mascaram o real problema que as empresas sofrem: possuem gestores anônimos, que ganham bons salários e trazem consigo a filosofia de que "quem não é muito visto também não é lembrado". Isso porque os anônimos não querem correr riscos e nem mostrar trabalho, sua tática é manter o bom e famoso currículo para, no final das contas, dar tudo certo.

Shifu fora o responsável por deixar a raiz crescer dentro da escola, enquanto acreditava que os valores advindos dos ensinamentos da escola poderiam mudar o caráter do jovem aprendiz. Agora era ele e sua consciência, não tinha o direito de reclamar para ninguém porque, enquanto continuou acreditando que poderia mudar o jovem discípulo aprendiz Ailton, esqueceu-se completamente de que ele era subproduto da árvore podre que fora educado pela sociedade doente, que gera frutos podres, que contaminam e estragam os outros enquanto existem. A história da maçã podre no cesto é real, ela contamina, contamina... e está por aí, pronta para destruir.

As medidas teriam que vir de forma brusca, pois medidas paliativas só retardam e prejudicam o meio. Não agir seria como estar em cima de uma bicicleta ergométrica, que lhe impede de progredir pois não o conduz a lugar algum, você pedala e continua sem sair do lugar. As mudanças só existirão dentro de você se você sair de cima dela e caminhar de encontro aos seus propósitos, sem ficar parado, travado sobre ela, achando que chegará a algum lugar.

Muitas vezes você acha que está se empenhando, executando sua força e que você poderá sair a hora que quiser. Porém ficar parado sobre a bicicleta ergométrica talvez para você seja uma escolha, ou simplesmente por que seus medos o impedem de tentar caminhar com as próprias pernas. O conformismo e a insegurança de enfrentar a caminhada tentará aprisionar você na bicicleta ergométrica. Talvez ela até deixe você fazer o teste de caminhar na esteira elétrica, para mostrar que é mais confortável ficar sentado do que em pé, tentando levar ao engano, ludibriando para você não tomar a decisão de ir em frente.

Lembre-se, você não veio ao mundo para ser um mero espectador. Acredite em você e saia desta zona de conforto e ande na busca dos seus objetivos e de suas verdades, com responsabilidade. E não tenha medo dos tropeços: eles fazem parte do caminho da felicidade.

Shifu Erich já sabia que o jovem discípulo aprendiz Ailton, cedo ou tarde, faria parte daqueles discípulos que vão destruindo a sua casa, que estava ainda em processo de construção. Muitos sacos de cimento, areia, pedra, tijolos, blocos, ferragens, materiais tão nobres e tão importantes eram colocados para fazer parte da fundação, que é estrutura desta casa. Porém, este futuro lar ruiu, desabando com toda a estrutura. As atitudes tomadas pelo jovem discípulo de panfletar dentro do próprio lar, deixou transparecer que a construção chegara ao fim, pois que casa serve para abrigar uma família sem princípios e valores?

Uma vez que escolhemos um Mestre, precisamos aceitá-lo e acatá-lo como tal, esquecer as outras alternativas e se focar nos ensinamentos do seu Mestre. Inegavelmente como discípulo, é seu dever respeitá-lo e perceber que sua escola é seu lar.

O jovem discípulo aprendiz Ailton estava ali parado esperando que Shifu respondesse sobre sua indagação de fazer Kung Fu nas duas escolas ao mesmo tempo. Shifu queria mais informações, então antes de responder perguntou-lhe por que ele queria fazer Kung Fu nos dois lugares. Esta técnica de transferir a pergunta sempre traz revelada a resposta das mesmas, porque todos fazem perguntas que já possuem as respostas dentro de si, só as fazem por mera formalidade.

É praticamente como a história do Mestre e do indiscípulo.

O Mestre e o Indiscípulo

O indiscípulo chegou para o grupo de discípulos e falou:

— Vou provar para vocês, que o Mestre não é tão sábio assim. Vejam o que tenho na minha mão. Estão vendo? É um louva-a-deus. Pois bem, vou perguntar ao Mestre se ele sabe o que possuo em minhas mãos. Se o Mestre acertar, perguntarei se este louva-a-deus possui vida ou não. Se o Mestre responder que ele está vivo, eu esmago o louva-a-deus e mostro que está morto. Agora venham comigo e fiquem vendo.

Então ele foi até o Mestre para tentar desmoralizá-lo frente aos discípulos.

— Mestre, o senhor poderia falar para nós o que possuo na minha mão?

O Mestre, pacientemente, respondeu:

— Meu jovem, você possui algo muito poderoso!

— Poderoso? Como assim, Mestre?!

— Poucos possuem o poder de decisão.

Ailton respondeu ao Mestre:

– Mestre, eu gosto muito daqui, gosto de ver a seriedade e a dedicação com que se empenha em seu trabalho, vi também que o senhor vendeu seu carro para honrar com compromissos financeiros da escola. Porém, Mestre, a outra escola estará suprindo uma necessidade interior na busca de resultados rápidos. Sua metodologia de ensino, na prática, é muito bonita de se ver, porém hoje vivemos em um mundo instantâneo, onde as respostas são rápidas e não quero perder tempo com treinos metódicos. Quero sim me sentir forte, invencível, como a secretária do honorável Mestre Mascarado falou. E eu preciso para agora e não para o futuro. A minha necessidade é hoje. Eu não quero viver o seu sonho e sim o meu, pois já me tornei autor do meu livro.

Shifu estava entre a cruz e a espada. Como expulsar o jovem discípulo aprendiz Ailton? Se ele fosse um funcionário seria fácil, era só demitir na hora. Seria a atitude correta a ser tomada por qualquer bom gestor. Mas a situação era inversa: na verdade era o jovem discípulo aprendiz Ailton quem pagava para o Shifu prestar serviços a ele.

Nesse caso, as leis seriam contraditórias para qualquer medida enérgica que fosse tomada pelo Shifu. Tudo dependeria da análise pessoal da toga do juiz, que age muitas vezes com a sua convicção, e não no rigor da lei. A dúvida surgia, será que a toga entenderia que havia ocorrido uma violação de seus direitos? Ou julgaria a sua sentença como já fizera anteriormente: **procedente em parte, pois se tratava de um instrutor de artes marciais, "que tinha em seu cotidiano pancadas e dores"**?

Lógico, se isso acontece é porque a toga não tem de correr atrás de alguém que venha a substituir a sua falta e muito menos de se preocupar em pagar a um profissional para manter viva a sua pequena empresa. Agora, será que se houvesse uma repercussão pública, como para caso de grandes estrelismos, a toga condenaria à revelia da sua própria vontade de expor suas fantasias tiradas de filmes de Hollywood?

Shifu precisava agir com sabedoria, sabia que era preciso separar o joio do trigo, e então como uma chave mestra usou o dom da palavra, induzindo o jovem discípulo a se sentir excluído por si, fazendo com que ele se julgasse e condenasse a sua saída.

— Ailton, vou deixar bem claro, porque não gosto de rodeios e nem de ficar "enfeitando peru", mas se a escola perder algum aluno pela panfletagem que você fez aqui dentro não haverá mais ambiente para você continuar. Haja vista que você acabou de completar 18 anos e deixou de ser uma criança, não deve ser tão difícil de entender que esta postura adotada por você, em distribuir panfletos de um concorrente direto dentro da sua escola, passa a ser uma conduta interpretada por mim como uma postura inadequada e incabível, difícil de tolerar. No entanto, não o expulsarei, pois percebi que você consegue enxergar a dedicação e o amor que tenho para levar o meu legado, e sabe que possuo um sistema de ensino no qual me manterei fiel, sem tentar agradar os devaneios alheios.

E o Mestre seguiu, dizendo:

— Sabe, parece meio clichê o que vou dizer, Ailton, mas na verdade, quem carrega apenas um relógio sempre tem a certeza da hora. Já quem possui dois, não possui tanta certeza do horário. Além disso, já dizia Confúcio, um pensador e filósofo chinês que a pessoa que persegue dois coelhos não consegue agarrar nenhum.

É como tentar identificar o som de dois sinos tocando ao mesmo tempo. É utopia tentar absorver o som de ambos, uma tarefa muito árdua, porque tocam e emitem sons diferentes, cada som possui uma levada diferente. É difícil absorver qualquer tipo de ensinamento se um som conduz à paz e outro conduz à guerra. Você fica ali perdido no meio, como cego em tiroteio, aproveitando até para usar o lema do honorável Mestre Mascarado, "se correr o bicho pega e se ficar o bicho come". Não dá para se manter em cima do muro, você entrará em conflito constante consigo mesmo, não sabendo se morde ou assopra, tornando-se um possível algoz, cometendo erros de conduta gerada pelo conflito.

– Xí, Mestre – disse Ailton –, pelo que vi eu estou fora daqui então, pois resolvi chegar mais cedo para conversar com o senhor, e esclarecer minhas dúvidas que pairavam na minha mente, mas também não quero perder o discurso supremo do honorável Mestre Mascarado. Daqui a pouco ele ensinará a atacar pontos vitais em um oponente eminente, e já que o jovem discípulo aprendiz Edson, o Edinho, já se matriculou e até já fez sua primeira aula por lá e foi minha indicação através da panfletagem, acho que tudo se encerra por aqui.

Shifu sabia que a vitrine da outra escola estava tão grande que ofuscou os olhos do jovem discípulo aprendiz Ailton. O marketing apelativo da agressão e o surgimento do "Mister M" mascarado das Artes Marciais Chinesas poderia ser até visto como um plágio. Mas o que ninguém podia negar é que isso não era algo novo, jamais visto. A "morte do Mestre do honorável Mestre Mascarado" já era um truque barato e manjado no meio das artes marciais, pois é muito difícil desmascarar e tornar público aquele monte de besteira narrado pela secretária. Não existe nenhum Mestre, ele fora sepultado para que não houvesse indagação.

Praticamente a própria criação da implantação das moscas varejeiras criadas para alimentar a sociedade imediatista que segue os comandos do honorável Mestre Mascarado determina a todo momento para a sua criação: "comam merda". Assim, consegue alimentar todas as moscas discípulas e varejeiras sedentas dos seus conhecimentos instantâneos. "Afinal, milhões de moscas varejeiras não podem estar enganadas?". Elas conseguem enxergar na merda algo bom para elas: ter um Mestre que se esconde atrás de uma máscara, mas na verdade tem medo de pôr a própria cara à mostra por ser um verdadeiro farsante, que viola juramentos e revela segredos ultrassecretos, tudo isso deve ser parte tirada de algum filme de Hollywood, que encanta a plateia faminta.

Shifu Erich pediu então, de imediato, para que Ailton assinasse a ficha de baixa, trancando a sua matrícula, e desta forma se livrar de eventuais cobranças por falta de pagamento. Sem mais, despediu-se do ex-discípulo, desejando-lhe boa sorte na sua nova empreitada.

Enquanto muitos veem um tremendo abismo, outros conseguem ver um longo caminho a ser percorrido. Muitos terão pressa para alcançar o sucesso e acabarão se perdendo no destino, fracassando por não tê-lo atingido. Já outros, manterão seus objetivos, sua persistência, sua determinação, com equilíbrio e sabedoria, e se tornarão verdadeiros vencedores.

E o que resta para as pessoas que acumularam fracassos em suas vidas? Indicar ou criticar as conquistas de um vencedor no trabalho árduo de princípios e valores.

Deus criou o livre-arbítrio. As leis criam o direito de se manifestar, o de liberdade de expressão e o de ir e vir. Shifu, por sua vez, quase se tornara refém de ambas. Porém a lei de Deus criou também o dom da palavra e o da sabedoria, só foi preciso usá-las. Para os pessimistas, seria uma confirmação de mau presságio para aquele dia.

Capítulo 14

O Primeiro Tàolù

Shifu caminhou em direção à sala de treino para iniciar as atividades da programação, mas ao chegar no local se deparou com apenas 22 discípulos na formação – 3 alunos a menos. Ele já tinha a confirmação do destino dos jovens discípulos aprendizes Ailton e Edson, mas faltava mais alguém...

Foi então que deu falta da jovem discípula Sandy, a mesma que mudara drasticamente seu comportamento na conquista de valores e era elogiada por todos. Naquele momento, o coração do Shifu fora esmagado, uma dor talvez difícil de descrever, mas perder algo tão importante era como se tirasse o chão dos seus pés. Na mente do Shifu estava bem claro que ela não o trocaria pelo Honorável Mestre Mascarado, ela não cairia na panfletagem do indiscípulo Ailton, mas o que acontecera, então?

Talvez tenha adoecido, viajou, precisou ficar estudando, ou algo que a impediu de vir, e algo sério com certeza – pensou o Shifu. Sua companheira Sra. Andrea, que observava que os olhos do Shifu se perdiam na sala, de repente viu seus olhos marejando e notou uma pequena e rápida lágrima escorrendo pela face sisuda e sóbria de seu companheiro. Neste momento, foi ao seu encontro e perguntou-lhe se gostaria que ela ligasse para obter informação pela falta da jovem discípula aprendiz. Shifu olhou para sua companheira e disse calmamente:

– Eles vieram até aqui com as próprias pernas e se voltarem terão de fazê-lo com elas.

Shifu acreditava que esse tipo de esforço era tão inútil como tentar ajudar um bêbado que se intoxica no bar, porque ele acha conveniente. Para salvá-lo, primeiro esta pessoa precisa estender a mão, e após isso é possível fazer o resto.

O roteiro da aula daquele dia foi rapidamente ajustado por uma breve mudança, uma adequação dos lugares dos jovens aprendizes, pois com a saída de mais três jovens discípulos aprendizes a escola passara a ter 22 discípulos.

A nova disposição da escola passou a ter três colunas verticais. As colunas da esquerda e da direita continham sete jovens discípulos aprendizes, enquanto que a fileira do meio, oito discípulos perfilados – um lugar a mais, à frente de todos.

Como o jovem discípulo Leonardo e a jovem discípula Shofia alternavam nos comandos do preaquecimento, Shifu informou que eles alternariam a ocupação desta posição à frente de todos, pois sempre quem comanda fica na frente dos demais.

Com a nova disposição de três colunas verticais na sala de treino, Shifu resolveu também reorganizar os grupos para apenas três. Os nomeou usando as cores da escola e os dispôs da seguinte forma:

Número	Nome do grupo	Alunos
1	Grupo Vermelho	1 a 7
2	Grupo Laranja	8 a 15
3	Grupo Amarelo	16 a 22

Shifu informou então aos discípulos a estratégia de divisão de tarefas para a nova formação. Os Grupos Vermelho e Laranja iniciariam as atividades da limpeza geral da escola, enquanto o Grupo Amarelo fiscalizaria e anotaria em relatório a execução de todas as atividades, realizadas dentro do padrão preestabelecido e já conhecido por todos, efetuando também a compra para reposição dos produtos de limpeza. O rodízio entre os grupos para a realização das tarefas da escola seria mantido, e as alternâncias de posição entre os três grupos seguiriam o mesmo critério adotado antes.

Neste momento, Shifu foi interrompido: a discípula Sandy entrava na escola com seus pais. Ela veio para agradecer ao Mestre, por todos os conhecimentos adquiridos pelos ensinamentos obtidos naquela escola através do Shifu, pois teria de parar de treinar. Devido a descoberta de sua gravidez repentina na adolescência, e por todos conhecerem o método de ensino da escola, Sandy e sua família optaram pelo seu afastamento temporário. Por zelo, teriam de evitar que houvesse qualquer tipo de problema durante a gravidez, pois a semente da vida estava ali plantada, enchendo de amor aquela família.

O coração de Shifu, que se encontrava esmagado, se encheu de alegria com a notícia que alegrava a família de Sandy, e confirmava que sua jovem discípula aprendiz seria uma daquelas pessoas que se vão deixando saudades, mostrando para o Shifu que valia a pena continuar com sua determinação no seu sistema de ensino metódico, na busca de formar e resgatar vidas.

Shifu sabia muito bem que este sonho não é um sonho só seu, porque existem pessoas comprometidas com este mesmo legado e foram tocadas, compreenderam que o Kung Fu é algo muito além de um sistema de combate de ataque e defesa: há uma busca constante de valores que o mundo instantâneo não compreende, ou finge não compreender, por se alimentar deste embate constante.

Com a confirmação da saída da jovem discípula aprendiz Sandy, Shifu precisou também readequar a numeração. Desta forma, escolheu o discípulo Wilson para ser o discípulo de número 01. Esta mudança foi necessária, não apenas por ser um número estratégico para comandos internos da escola, mas também porque, após o episódio do furto que ele sofreu dentro da escola, ele começou a aproximar-se mais do Shifu.

Talvez pela forma de como foi conduzido o seu problema e com o desfecho do caso, o jovem discípulo aprendiz Wilson passou a vestir a camisa da escola de forma mais contundente. Sempre estava disposto a ajudar, visando os interesses da escola no que fosse preciso e no que estivesse ao seu alcance.

Shifu sabia que o "vestir a camisa" é muito malvisto e que causa repulsa. Essa atitude não é compreendida em vários seguimentos da sociedade e recebe muitas vezes conotações pejorativas, como "o cara é Puxa-Saco", "Cagueta", "Caxias", "Judas Iscariotes" etc.

O que muitos não entendem é que as pessoas que possuem este perfil criaram uma preservação de identidade com o local em que trabalha, uma espécie de vínculo afetivo, e toda esta confusão advém da forma errônea que as pessoas interpretam e enxergam este indivíduo. Na verdade, há uma diferença muito grande entre quem veste a camisa da empresa e quem tem em sua conduta o mau-caratismo.

Para as instituições, esta pessoa que veste a camisa da empresa é aquela que está antenada com os objetivos e metas da sua organização e mantém viva a saúde da sua empresa. Podemos definir que, em geral, são profissionais que não ganham para trabalhar, trabalham para ganhar.

O maior problema é que este profissional se depara com o mau-caráter. Aquele que sabe redigir um bom currículo e quer se manter de forma anônima na empresa. Que finge que é seu amigo e que está pronto para escutar, mas que quando você indica um erro dela, fecha a cara e passa a virar seu inimigo — na verdade nunca estiveram preparados para escutar verdades.

O mau-caráter se esquece de que, dentro da empresa, existem pessoas que têm linha direta com a chefia, que conhecem a dinâmica da empresa e cobram resultados do bom currículo apresentado no papel. Quem veste a camisa não faz parte de panelinhas e não dá presentinhos para se manter no cargo: possui competência profissional – e isso incomoda.

O mau-caráter, que lhe vê como inimigo, resolve então difamar, criando pejorativos, usando subterfúgios de forma escusa para mascarar sua incompetência e permanecer no cargo. Na verdade, o que acaba atrapalhando seu plano é que o profissional que veste a camisa está sempre comprometido com interesses da empresa. Ele não faz parte de panela alguma, leva os problemas existentes dentro da empresa para a chefia, problemas estes como baixa produtividade, desvio de conduta, incompetência na função, brincadeiras no ambiente de trabalho, promiscuidade na empresa, enquanto cobra posição da chefia referente a tomada de decisão e a resolução dos problemas.

Na verdade esta é a maior confusão. O mau-caráter destrói uma empresa, enquanto quem veste a camisa cuida e zela, mas como não faz parte da panela da incompetência é visto por repulsa, haja vista que dentro da panela está cheio de pessoas que só geram pressão, que com o tempo vaporizam e desaparecem, enquanto que a camisa continua sujando as mãos de graxa na engrenagem que ela cuida e zela.

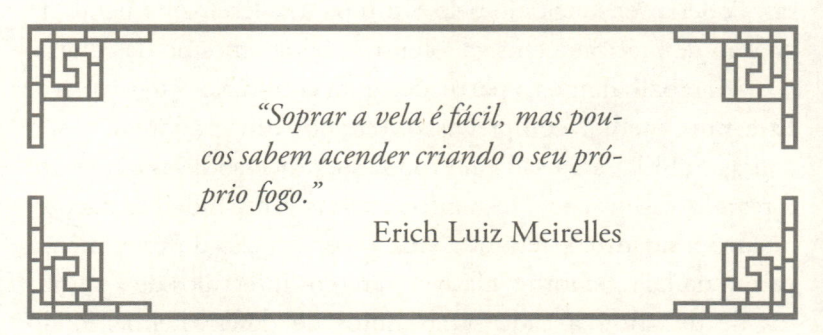

"Soprar a vela é fácil, mas poucos sabem acender criando o seu próprio fogo."
Erich Luiz Meirelles

Shifu solicitou para a jovem discípula Shofia iniciar o preaquecimento, dando início às atividades do terceiro ciclo de base. Após a jovem discípula aprendiz Shofia ter terminado os comandos, ela entregou os discípulos ao Shifu, mantendo o mesmo padrão de alinhamento.

Porém, Shifu colocou todos os discípulos em uma nova formação, perfilados de frente para a parede das armas, e disse que iniciaria seus ensinamentos com a primeira técnica da faixa laranja, chamada de Tàolù (套路) ou Forma.

Ele começou explicando para os jovens discípulos aprendizes que o Tàolù nada mais era que uma sequência de 82 movimentos coordenados, que deveriam ser feitos por eles de forma harmoniosa e muito precisa, para a busca da compreensão no aperfeiçoamento da execução dos movimentos.

— Este Tàolù possibilitará, em cada um de vocês jovens discípulos, o aumento do condicionamento físico e o fortalecimento da base nas posturas, o que os levará ao enrijecimento da musculatura das pernas e braços. Também haverá a melhora da concentração, um melhor aperfeiçoamento do equilíbrio corporal, mais flexibilidade e ganho de velocidade aliada à força durante os movimentos.

O Tàolù conduz ao desenvolvimento mental da prática marcial para o processo de criação de lutas imaginárias, de forma a atingir os objetivos propostos, com finalidades diversas. Poderia ser solicitado pelo Shifu para o desenvolvimento da criação na prática defensiva, ofensiva, ou até mesmo das duas.

— Trabalharemos a partir de agora com o aspecto ofensivo. Para uma melhor compreensão, teremos um grande aliado: a contagem! Ela será usada em todo este processo de assimilação, forçando assim a mente registrar todas estas movimentações, quadro a quadro, e terá que aliar a construção do movimento com o da fala, de forma efetiva. Teremos intervalos de 7 minutos de descanso a cada 30 minutos de desenvolvimento do

Tàolù, deixando bem claro que trabalharemos em três tempos de 30 minutos.

Shifu seguiu dizendo:

– Fica aqui um alerta: anotem os dias das atividades da programação de treino que se referem a parte técnica, fixada por mim no quadro de aviso. Lá estão datados apenas quatro dias de revisão geral do Tàolù, para quem estiver com qualquer tipo de dúvida ou apenas quiser relembrar os movimentos passo a passo. Passados os quatro dias de revisão, manterei o velho jargão: uma vez ensinado, uma vez compreendido, não retorno para ensinar o mesmo trabalho de novo, apenas corrijo eventuais erros decorrentes da desatenção durante a abordagem deste tema. E para refrescar a mente de vocês, a cada erro todos serão submetidos a 150 polichinelos, pagas na hora com palma, cadência e o principal: um sorriso no rosto de ter sido agraciado por tamanha generosidade de seu Shifu!

Assim, após acabar o treino do Tàolù, a jovem discípula Shofia finalizou a aula, solicitando a todos os discípulos para que se aproximassem do quadro de filosofia da semana para leitura.

Capítulo 15

A Carta do Jovem Discípulo Aprendiz

Shifu Erich recebeu, pelo correio, uma correspondência de um de seus jovens discípulos aprendizes que dizia:

Shifu,
Em primeiro lugar, devo milhões de desculpas pelo meu desaparecimento, eu sei que devo explicações sobre o meu sumiço, em segundo lugar pelas expectativas que o senhor tinha ao meu respeito. É difícil para mim explicar, mas eu acho que vai ser mais fácil se eu não estiver na sua frente, e explicar por que eu sumi, muitas vezes o seu sermão dói mais que uma surra e por carta estou um pouco mais seguro (brincadeirinha, Shifu).
Shifu Erich, o senhor é o único herói para mim, e passou a ser em minha cabeça uma espécie de Super-Homem. O que eu vejo no senhor é alguém com uma força de vontade imensa e que consegue traçar suas realizações pessoais e se manter firme nelas. O senhor não é apenas um lutador de Kung Fu, o senhor transcende, por isso talvez o destino lhe proporcionou esta conotação linda de Mestre, meu Super-mestre Shifu.
E ver o senhor lutando por tudo em que o senhor acredita, faz com que eu o admire tanto. O senhor é a única pessoa próxima a mim, fora a minha mãezinha, que luta tanto para os propósitos da vida, pelo menos que eu conheço (pode haver mais gente e eu não saber, não quero ser injusto).

Agora que o senhor sabe o meu conceito sobre o senhor, vou explicar o meu sumiço, quando iniciei meus estudos no cursinho, comecei a andar com uma galera muito descolada, este pessoal era usuário de drogas, porém eu me senti aceito por eles de uma forma que eu nunca senti, pois aí na sua escola eu só senti isso vindo do senhor e da Sra. Andrea, já com este pessoal era diferente, sem contar Alice, uma moça cheia de brilho, um doce de menina, que me encantou, e literalmente entorpeceu meu coração.

Eu sabia que eles não eram perfeitos, sei também que ninguém é, e sempre escutei meu pai e minha mãe falando para mim: "Diga-me com quem tu andas e eu direi quem tu és", mas como eu tinha conhecimento do mau que as drogas fazem e também a boa educação que recebi dos meus pais sabia que poderia andar com a galera que nada mudaria, sem contar o conhecimento adquirido nas aulas de parte mental que o Shifu ministra.

As saídas depois das aulas do cursinho eram frequentes, ficávamos nos bares nos arredores do cursinho, batendo papo, rindo, se divertindo, passei a tomar bebida alcoólica juntamente com a galera, não via mal algum, pois bebia de forma moderada e limitada, deixava bem claro para mim, que só poderia consumir uma ou duas latinhas de cerveja e nada mais.

Os dias foram passando e o dia de prestar o vestibular chegou, eu e o pessoal da galera iniciamos todo este processo e fomos juntos no cursinho ver a lista de aprovados, era algo indescritível, uma emoção, um fervor dentro do peito, lágrimas, abraços, saltos de um palmo de altura de tanta alegria na conquista da tão sonhada vaga, para mim ela havia se duplicado, pois Alice me beijou pela primeira vez, fiquei parado, parecia que eu perdi o chão, não sentia minhas pernas, e meu coração que pulava de tanta alegria pela conquista da vaga, se encheu de outro sentimento que há muito me atormentava, seria a confirmação de duas conquistas simultâneas, havia me tornado naquele momento um ser iluminado.

Nossos corpos se entrelaçavam, e nossos lábios se tocavam em um gesto de amor, nossas línguas também se entrelaçavam, e com os olhos fechados durante o beijo, ficava imaginando que sempre havia trocado olhares com Alice, mas nunca percebi o retorno por parte dela, do mesmo olhar no qual eu sempre projetei nela.

Alice era a jovem mais linda do grupo, digamos que ela era uma espécie de "Beyoncé tupiniquim", sua pele de cor morena meio jambo, olhos cor de mel, altura 1,69 m, cabelos pretos longos e lisos, suas vestes quase sempre eram vestidos e minis-saias, e seu perfume era de uma fragrância leve que me remetia a várias lembranças muito prazerosas durante a minha juventude, tinha um cheiro doce de baunilha, com o tempo descobri que ela usava um perfume chamado Kriska, que deveria ser também o responsável por todo aquele encantamento que eu possuía por Alice.

Do grupo todo, por incrível que pareça, apenas o japa, não conseguiu vaga em nenhuma universidade pública, também o que não era de se esperar, ultimamente ele só andava chapado com todas as aquelas drogas se intoxicando.

Eu sabia que apesar de Alice também ser usuária de drogas, ela era bem centrada, e um pouco diferente do pessoal da galera, para mim o mais importante era que o primeiro passo já fora dado, abrimos uma linha de comunicação nova através daquele beijo, eu precisaria apenas mudar com o tempo este péssimo hábito da Alice.

Com o resultado do vestibular, a galera resolveu marcar uma viagem para comemorarmos nossa nova conquista e tinha que ser rápido, antes do início do ano letivo, foi escolhido por todos ir à praia dos coqueiros, situada no sul do rio Trancoso, na Bahia, lá faríamos uma espécie de luau.

A praia era um lugar encantador, realmente paradisíaco, a areia era fina, água era morna, excelente para se banhar, os nativos ofereciam passeios a cavalo, para quem gosta de esportes radicais também existia o aluguel de pranchas de surf e caiaques, o bonito de lá era que existia muitos lugares totalmente desertos e virgens, muito bem preservados, durante a maré baixa em frente da praia dos coqueiros há enormes recifes com piscinas naturais, onde sempre aparecem nativos "Mariscando".

A galera estava empolgadíssima, ao cair da noite o luau passou a ficar mais interessante, tinha música, violão e outros instrumentos e uma pequena fogueira foi acesa, começou a rolar um vinho que não vi mal algum em tomar, o legal disso tudo era que durante o luau foram surgindo outros aspectos que vieram, e para somar realizamos um sarau, todos trocavam ideias e algumas pessoas recitavam poesias sempre na presença da velha e boa musiquinha que logo voltava a entrar em cena.

Foi aí neste exato momento em que todo aquele cenário de completa harmonia entre os amigos passou a ficar inóspito para mim, pois o baseado começou a rolar de mão em mão entre o pessoal da galera, até que chegou na mão da Alice, que após dar um tapinha no baseado, me ofereceu, e em uma fração de segundos todos os meus valores adquiridos pelos meus pais, pela escola e pelos ensinamentos do Shifu, bateram em minha mente, naquele momento lembrava das suas aulas de parte mental e conseguia escutar suas palavras, Mestre, explanando sobre o poder de força de sugestão, quando Alice falou para mim, "dá só um peguinha, não vai pegar nada, experimenta, para de ser careta". Eu percebi, que por mais que eu gostasse da Alice, eu não deveria ter medo de enfrentar aquela situação, eu sabia sobre o poder de atração que Alice exercia sobre mim, e precisava usar a razão para não decepcioná-la e nem o pessoal da galera naquele momento.

Eu consegui, usar o tema da aula de parte mental que o senhor ensinou, sobre a fala criativa e do poder da fala criativa e me senti vitorioso por ter conseguido transformar minhas palavras como defesa para esquivar iminente do inimigo "o baseado oferecido pela Alice", falei que estava ruim, com problemas de saúde e que estava tomando remédio fortes a base de antibiótico devido a um problema respiratório e não queria interromper o tratamento e nem agravar o quadro, assim me mantinha livre de qualquer tipo de questionamento sobre a falta de uso da droga durante o luau, evitando assim uma má impressão com a galera e principalmente com Alice.

Resumindo, Mestre, resolvi escrever esta, para lhe agradecer pelos seus ensinamentos, para pedir desculpa, por ter me afastado sem ao menos ligar para o senhor, hoje visto por mim como uma falta de conduta de um discípulo perante o seu Mestre, e como desabafo e desencargo de consciência escrevi.

Caso o Shifu queira, pode utilizar esta carta como material de trabalho nas suas aulas de parte mental com os jovens discípulos aprendizes, para que eles consigam compreender o significado da absorção dos valores ensinados pelo Shifu e que eles possam utilizar estas ferramentas para enfrentar qualquer tipo de problema e assim consigam vencer.

Por falar em vencer estou também me sentido um herói, na verdade um super-discípulo, pois resgatei a minha "Beyoncé tupiniquim" do mundo das drogas, e qualquer dia passo aí para explicar todo este processo, que só foi possível porque ela permitiu se salvar, percebi também que não só no caso da Alice como de vários jovens aquele velho ditado cai muito bem: "Diga-me com quem tu andas e eu direi quem tu és", pois poucos se corrompem se mantendo fiéis aos seus valores, tornam-se suscetíveis, passando a ser vítimas fáceis de serem tragadas pela galera.

O senhor precisa proliferar este seu método de ensino para esclarecer na mente dos jovens, as ferramentas e o poder delas, é difícil manter essa linha direta com os jovens, porém o senhor consegue fazer escutar os seus ensinamentos, em momento de perigo escutar as suas palavras, uma espécie de voz da consciência, não conheço outro lugar que possui este tipo de linguagem, que em momento de perigo não deixa a emoção tomar conta da razão.

Para terminar, fiquei sabendo através da jovem discípula aprendiz Shofia, que a Sra. Andrea está esperando um bebê, estou feliz por vocês, saiba que a amizade de vocês me faz bem e eu gostaria de manter sempre vivo este sentimento em mim e ter o mesmo em vocês. Não quero que o senhor tenha a imagem negativa de mim, de que eu não valorizei o início do aprendizado que tive aí, nem por ter sumido sem dar satisfação, porém graças aos poucos ensinamentos que obtive percebi o quanto me tornei diferente em ter agregado valor, neste mundo de pessoas que fingem ser o que não são.

Mestre, parei de tomar cerveja, o efeito dela foi devastador estou com uma barriga gigantesca, logo apareço de volta, guarde a minha vaga, de quem nunca saiu apenas se ausentou para mostrar o pouco que aprendeu, até.

Shifu Erich iniciou o processo de resposta da carta do jovem discípulo aprendiz desgarrado (Pietro). Era preciso dar início ao Hóngbāo.

Querido jovem discípulo aprendiz,

Há momentos em nossas vidas que temos que nos defrontar com nossas fraquezas e medos, pois todos somos subproduto de uma sociedade que prega o estereótipo do ser perfeito. O diferente é excluso, talvez discriminado ou até mesmo rejeitado por ter a coragem de expor os sentimentos que tanto o aflige, por tentar fazer parte do todo e de não ser compreendido.

Estes medos criam um processo de fuga e luta, criando os vários tipos de monstros, que destroem pessoas e famílias. O enfrentamento na vida requer muita sabedoria, e pelo que vi na carta que você me escreveu, mostra de forma clara que a base de sustentação da sua vida já estava formada no que todos nós chamamos de família. Ela nos ensina que a verdadeira paciência para enfrentar todos os problemas consiste nas várias vezes em que teremos de suportar aquilo que nos parece muitas vezes insuportável.

Meu recado para você é simples: continue transformando, multiplicando e agregando valores em tudo que você puder, com todo este seu conhecimento adquirido, pois tenho a certeza de que o caminho da felicidade somos nós que construímos dentro de nós, e os ideais de vida vão se agregando com a maturidade.

Se você quiser tirar alguns grilos de sua cabeça, ou até mesmo se quiser eliminar o efeito devastador na barriga que sua cervejinha andou proporcionando é só me procurar. Tenho um sistema de combate chamado TÁNG LÁNG QUÁN, especialista em eliminação de grilos rechonchudos. Principalmente, saiba que grilos são sempre problemas, e para mim todos os problemas terão que ser eliminados com a mesma sabedoria escrita por você. Como já havia dito, o mais importante é estar de bem com o todo, e principalmente com você mesmo.

Força e garra, é o que desejamos para você. Parabéns por esta linda história sobre o resgate na vida da jovem Alice e do seu distanciamento deste mau que aflige a sociedade. Obrigado por suas palavras tão carinhosas sobre mim e minha escola.

Lembre-se, quem anda no meio de lobos acaba virando um belo jantar que saciará toda a sua matilha, deixando escorrer o sangue de uma pobre ovelha entre os dentes dos lobos famintos. Para adestrar um lobo é preciso usar a razão, se não a emoção fará de você o próximo jantar.

Sem mais para o momento, fora de forma, BOA!!!

Shifu Erich, Sra. Andrea e o bebezinho em processo de crescimento, Havy.

A sede de aprender daqueles jovens e a forma como se predispunham na obtenção do conhecimento era algo muito gratificante para Shifu. Era um grupo homogêneo de pessoas empenhadas em realizar tarefas, abertas, sem ideias preconcebidas, dispostas a vencer seus próprios limites e interagir com seu semelhante, com espírito de grupo na compreensão de manter-se firme no caminho de uma mesma trajetória. Era bom ver que todos os jovens discípulos aprendizes, estavam unidos como uma corrente no mesmo propósito e que entenderam que um elo sozinho torna-se fraco e vulnerável, porém quando os elos resolvem se unir tornam-se fortes, transformando-se em uma linda corrente que conduzirá a amarrar conquistas e resultados na vida de cada elo. Shifu sentia que estava direcionando os objetivos e metas dos jovens discípulos aprendizes.

Capítulo 16

A Aula De Conhecimentos Gerais

O discípulo Leonardo solicitou para que todos se cumprimentassem da forma tradicional – o preaquecimento seria iniciado. Leonardo solicitou ao discípulo número 01 para que puxasse a corrida em torno da sala, e então sob seu comando foi iniciada uma música, que seguiu com o jovem discípulo Leonardo passando comando por comando e os outros discípulos cantando alto, sempre mantendo o mesmo ritmo, assim até inverter o processo e finalizar a música, esta que viria a ser utilizada pelo Shifu durante o próximo exame deles.

O jovem discípulo Leonardo falou:

– Durante a corrida, o processo de execução da música será assim: primeiro vocês terão que contar de 1 a 10 de forma crescente e pular o número solicitado através do meu comando; depois vamos inverter o sentido da corrida e o objetivo da música, onde vocês terão que retornar ao número solicitado de forma decrescente. Atenção: Vai!!!

Música 3 – Vai e Volta de 1 a 10

Os discípulos: 1 2 3 4 5 6 7 8 9 10

Discípulo Leonardo: Passa o 1!
Os discípulos: 2 3 4 5 6 7 8 9 10
Discípulo Leonardo: Passa o 2!
Os discípulos: 1 3 4 5 6 7 8 9 10
Discípulo Leonardo: Passa o 3!
Os discípulos: 1 2 4 5 6 7 8 9 10
Discípulo Leonardo: Passa o 4!
Os discípulos: 1 2 3 5 6 7 8 9 10
Discípulo Leonardo: Passa o 5!
Os discípulos: 1 2 3 4 6 7 8 9 10
Discípulo Leonardo: Passa o 6!
Os discípulos: 1 2 3 4 5 7 8 9 10
Discípulo Leonardo: Passa o 7!
Os discípulos: 1 2 3 4 5 6 8 9 10
Discípulo Leonardo: Passa o 8!
Os discípulos: 1 2 3 4 5 6 7 9 10
Discípulo Leonardo: Passa o 9!
Os discípulos: 1 2 3 4 5 6 7 8 10
Discípulo Leonardo: Passa o 10!
Os discípulos: 1 2 3 4 5 6 7 8 9

Discípulo Leonardo: Volta o 10!
Os discípulos: 10
Discípulo Leonardo: Volta o 9!
Os discípulos: 10 9
Discípulo Leonardo: Volta o 8!
Os discípulos: 10 9 8
Discípulo Leonardo: Volta o 7!
Os discípulos: 10 9 8 7
Discípulo Leonardo: Volta o 6!
Os discípulos: 10 9 8 7 6
Discípulo Leonardo: Volta o 5!
Os discípulos: 10 9 8 7 6 5

Discípulo Leonardo: Volta o 4!
Os discípulos: 10 9 8 7 6 5 4
Discípulo Leonardo: Volta o 3!
Os discípulos: 10 9 8 7 6 5 4 3
Discípulo Leonardo: Volta o 2!
Os discípulos: 10 9 8 7 6 5 4 3 2
Discípulo Leonardo: Volta o 1!
Os discípulos: 10 9 8 7 6 5 4 3 2 1

Após a corrida em torno da sala e todo o preaquecimento efetuado, o jovem discípulo Leonardo pediu para que todos os jovens discípulos retornassem, cada um em sua coluna, mantendo assim a mesma disposição da formação inicial.

Shifu Erich programara a atividade que todos os jovens discípulos aprendizes adoravam praticar. As aulas com enfoque no tema de brincadeiras didáticas envolvem trabalhos lúdicos, que auxiliam os jovens a suportar os limites do próprio corpo, brincando de forma prazerosa, não só atingindo os objetivos, mas também socializando com o meio.

O ponto principal, para o Shifu, era que esse tipo de aula mantinha a chama do espírito de grupo acesa nos jovens discípulos aprendizes, pois tinha enfoque na união do grupo para a realização do trabalho a ser desempenhado e na motivação da equipe pela busca dos resultados. Outro aspecto importante a ser ressaltado se refere à alternância na liderança, pois a cada atividade Shifu reposicionava as pessoas nos grupos, fazendo com que existisse pequenas alterações nas estratégias, mas sem mudar o foco do objetivo. O domínio do corpo faz parte deste mesmo contexto, como também delegar o posicionamento correto dos integrantes do grupo para as atividades, a melhora da autoestima e o desenvolvimento da autoconfiança.

Havia ainda outro aspecto importante: as brincadeiras faziam com que os jovens discípulos fossem gradativamente perdendo a timidez e deixando de lado suas inibições. Assim, através desta atividade conseguiam melhorar a interação com os seus semelhantes, o que propiciava para os discípulos uma análise concreta de que ninguém é um ser perfeito e que todos somos diferentes.

Muitas vezes a humanidade quer impor a maneira de ser e de viver com uma conduta certa a seguir, querendo nos moldar. Pessoas se empenham de tudo quanto é jeito para transformar-nos em farinha do mesmo saco, dizendo que ser de outro tipo de ingrediente é ruim e que não serve se não for farinha do mesmo saco. Só que esquecem que, para um bolo existir, é preciso que haja a junção dos vários ingredientes que compõem esta receita. Isso nos mostra que o preconceito existente só acaba de fato quando você consegue compreender o outro e sabe respeitar suas diferenças e suas imperfeições, entendendo que todos têm na vida seu próprio espaço para ocupar na humanidade.

Quando discípulo Leonardo perfilou os discípulos para finalizar as atividades daquele dia, Shifu notou no olhar dos jovens discípulos aquela vontade de quero mais, de que nem com o cansaço deseja chegar ao fim. Mas era preciso encerrar as atividades para o descanso muscular dos jovens, e então o discípulo Leonardo finalizou a aula, distribuindo as carteirinhas e fazendo a saudação de encerramento.

Os meses foram passando em uma velocidade alucinante. Todos os discípulos estavam evoluindo, assimilando todo o conteúdo técnico da nova fase. O condicionamento físico, a coordenação e o alongamento dos jovens discípulos eram invejáveis.

Antes do exame do terceiro e último ciclo de base, Shifu elaborou uma atividade para entender o que se passava na cabeça dos jovens discípulos aprendizes quanto à importância do Kung Fu e sobre a visão que tinham das mudanças que deveriam existir para melhorar a escola.

No quadro de programação, nunca antes fora visto uma aula de conhecimentos gerais. Os discípulos estavam curiosos, todos os 22 jovens discípulos aprendizes mantinham-se perfilados esperando Shifu entrar na sala de treino. Lá estavam 22 cadernos em espiral, com lápis e borracha a postos, quando de repente uma voz já conhecida por todos saiu da caixa de som.

– Boa tarde, jovens discípulos aprendizes, gostaria que cada um pegasse um colchonete para se acomodar e, logo após, anotem o que vou ditar.

Após os alunos terem se acomodado, Shifu solicitou aos jovens para que escrevessem sobre os aspectos de mudança que a prática do Kung Fu lhes proporcionara, o que era preciso melhorar em sua escola e como suas famílias viam tudo isso.

De todas as anotações, a que Shifu pôde observar que era a mais contundente e teve uma abordagem muito realista, fora da jovem discípula aprendiz Yndira. Um doce de menina, e mesmo com a pouca idade dos seus quase 16 anos já apresentava um alto grau de amadurecimento para os problemas pertinentes à sociedade. Shifu não sabia ao certo se isso era devido ao avanço das redes sociais, porém aquela menina meiga, cabelos castanhos claros, com seus 1,56 m de altura, e 54 kg, colocava no chinelo vários marmanjos no que se refere a intelecto.

Quando o Shifu queria brincar com o emocional da jovem, a chamava propositalmente de Ingride. Isto alterava a postura daquela jovem, principalmente quando o Shifu falava de forma ríspida. Às vezes era preciso mexer no emocional dos alunos para obter o resultado esperado, e Shifu era literalmente um Mestre nisso.

Em suas anotações, Yndira escreveu o seguinte:

O Kung Fu me deu autoconfiança, me fez criar laços de amizades que sei que serão para vida toda. Meu pai sempre dizia para mim que, quando ele era pequeno, não existia tanta criminalidade. Os problemas eram mais políticos, os crimes violentos não ocorriam com esta frequência, não porque não era divulgado, mas sim porque as pessoas respeitavam umas às outras, sem este individualismo tão presente nos dias de hoje. Minha residência parece uma cadeia, cheia de grades, concertinas, câmeras, alarmes e cerca elétrica, sem contar que passamos a ficar presos no próprio lar, com medo desta violência tão crescente.

Meu pai comenta também que a escola pública tinha um ensino forte e rigoroso sobre disciplina e valores, e que antes somente as crianças problemáticas eram que estudavam em escolas particulares, os chamados PPP (Papai Pagou, Passou). Este foi o motivo pelo qual eu e minha família passamos a admirar seu trabalho, meu pai disse que me tornarei uma discípula ODD (Organizada, Dedicada e Disciplinada).

Muitas vezes me pergunto, como o governo não reage a isso tudo? Assiste sentado, vendo tudo virado de ponta-cabeça. Será que os PPP que o papai me fala estão no comando desta nação, e se rebelaram contra o sistema por terem sido exclusos, talvez?

Bom, o senhor perguntou o que deveria melhorar na escola. Eu acho que o Shifu poderia vender coxinha, pois quando saio dos treinos estou com uma tremenda fome. Pode ser pão de queijo no lugar, é isso que tenho a dizer, Shifu.

O que Yndira escreveu serve como um alerta vermelho para os governantes. Existe um barril de pólvora dentro do paiol, pronto para explodir a qualquer momento. O país pode ser "gigante pela própria natureza", mas não pode ficar sentado, de olhos abertos, com uma política pública que não atende as necessidades e os anseios da sociedade. É como uma pessoa que conhece a dor através de uma ferroada de abelha, só a conhecerá de fato no dia em que for picado por ela. A mesma coisa quem leva um tapa bem dado na cara, só sente realmente a ardência na cara o indivíduo que o levou.

Fica aqui um recado do Shifu para os governantes: plebiscito é igual GPS, só o utiliza quem está perdido, sem rumo e sem direção. Só para deixar bem claro, para quem já perdeu as rédeas de sua nação, governar esperando resposta através de plebiscito é como estar cego ou amarrado. Para agir é preciso coragem, arregaçar as mangas e se pôr no lugar de quem prometeu zelar pelo povo.

Já quanto à parte da coxinha, Shifu tinha certeza de que fora um desvio de conduta e que certamente teria de ser arrumada, na base de muitos polichinelos...

E, desta forma, os três ciclos de base se fecharam.

Apesar do terceiro ciclo ter sido o mais exigente em nível de cobrança na busca da perfeição e de ter sido também criterioso nos detalhes, os 22 discípulos passaram pelo exame de graduação de forma exemplar. Este fora o último exame aberto para o público, todos os demais seriam feitos de porta fechada.

Para a escola, a diferença agora era que além de possuir novos graduados, ela passou verdadeiramente a ter corpo. Os discípulos entraram em um novo estágio rumo ao profissionalismo. Lógico que a trajetória era longa, mas o que importava de fato era que eles estavam ali. A partir deste novo começo, Shifu já poderia iniciar o curso para auxiliares de instrução e de atendimento a visitantes, pois a escola abriria vagas para novas turmas iniciarem, que seguiriam comandos do Shifu Erich e dos seus 22 jovens discípulos auxiliares.

Esta excitante caminhada rumo ao conhecimento no desenvolvimento dos jovens faz parte do segundo livro sobre a continuação na trajetória do **O Reflexo dos Vencedores**.

Glossário

Bào Quán Lǐ

Bào Quán Lǐ (em Mandarin) ou Pou Kyun Lai (em Cantonês), são a representação da palavra chinesa 抱拳礼 (chinês simplificado). Nome do cumprimento tradicional das Artes Marciais Chinesas, significa, literalmente, "Cerimônia do Punho Encoberto".

Este cumprimento é uma prática que simboliza muitas coisas, dentre elas o respeito com o oponente. A mão esquerda aberta contendo o punho direito cerrado simboliza a disciplina e o autocontrole, indicando dentre outras coisas que a pessoa não pretende abusar das Artes Marciais.

Jìnglǐ

Jìnglǐ (敬礼) significa "Saudação". O nome Jìnglǐ é muitas vezes atribuído à tradicional forma de cumprimento das Artes Marciais Chinesas, o Bào Quán Lǐ (抱拳礼).

Kung Fu

Kung Fu é utilizado para descrever o surgimento de qualquer desenvolvimento de arte marcial proveniente da China e seus vários nomes genéricos para uma infinidade de lutas chinesas, sendo estas internas, que eram estilos praticados dentro de uma família de Kung Fu (Gong Fu) e externas que era aquele praticado pelos monges de algum templo, como por exemplo, os monges do Templo de Shaolin.

O Kung Fu (功夫, Pin Yin: gongfu) tem alguns significados para os seus adeptos (Kunfuista) como: "Trabalho duro", "Trabalho contínuo" e "Habilidade vinda através do esforço" e várias outras maneiras vistas pelas pessoas para descrever esta tão nobre arte.

Kuoshu

O Kuoshu 國術 ou 国术 (pinyin: Guoshu), que significa "arte nacional", este é o termo para designar a arte marcial (Wushu) de uma forma mais nacionalista, como um símbolo de orgulho da população Chinesa.

O termo em si vem da abreviação "Chung Kuo Wu Shu" (ou "Zhong Guo Wu Shu" em Pinyin) que se traduz como "Técnicas Marciais da China". Então o "Kuo" se refere a "Nação" e o "Shu" se refere à "Técnica". O "Shu" pode ter um sentido de "Arte", porém se refere mais à técnica do que à arte, um termo que se referiria mais à "arte" seria "Yi", como é usado em "Wuyi". O ideograma "Shu" é o mesmo usado no Japão para "Jutsu" (como em Jujutsu, Bojutsu, Kenjutsu etc.).

Pou Kyun Lai

O mesmo que Bào Quán Lǐ, é também conhecido no Brasil como apenas Kyun Lai, ou Kin Lai.

Shīfu

Sifu (em Cantonês) ou Shīfu (em Mandarim) são a forma ocidental de se escrever a palavra chinesa que significa Mestre (師父 no alfabeto chinês tradicional e 师父 no alfabeto simplificado).

O ideograma 師 (shī) significa "professor" enquanto que o significado de 父 (fu) é "pai", por isso a palavra conota uma linearidade no relacionamento entre discípulo e professor. Personalidades religiosas e experts em artes marciais são referenciados como "mestre-pai" (師父) em todos os contextos.

Outra definição de Mestre é a palavra chinesa 師傅, que por ter pronúncia idêntica causa certa ambiguidade. Sua utilização, no entanto, é diferente. O significado de 傅 (fu) é "tutor", e a palavra pode ser utilizada para referenciar, por exemplo, um profissional altamente qualificado.

Tàolù

O termo "Tàolù" (套路) refere-se ao emprego de uma série de rotinas coreografadas, utilizadas por praticantes do Kung Fu e indica um encadeamento de movimentos que conduzem ao desenvolvimento mental da prática marcial no processo de criação de possíveis lutas imaginárias. Cada Tàolù tem sua peculiaridade, com finalidades diversas, quase sempre estão voltadas para o desenvolvimento da criação na prática defensiva, ofensiva, ou até mesmo das duas, existe também com o propósito de manter a saúde e o bem-estar.

Sobre o Autor

Erich Luiz Meirelles iniciou a prática no Kung Fu desde criança, na Associação Shaolin de Kung Fu. Nascido em 8 de setembro de 1970, no bairro da Bela Vista em São Paulo, deu início à sua vida acadêmica no curso de Engenharia pela UMC (Universidade de Mogi das Cruzes) e logo após Administração e Comércio Exterior pela UNICSUL (Universidade Cruzeiro do Sul). Pós-graduado em 2000 pela FKESP (Federação de Kuoshu do Estado de São Paulo), Shifu Erich notou que seu legado em ensinar Kung Fu era maior que tudo isso, e hoje vem desempenhando um papel inovador e atuante na comunidade das Artes Marciais Chinesas, demonstrando os benefícios e aspectos positivos da prática desta Tradicional Arte chamada Kung Fu.

Fundou sua escola em 16 de setembro de 1995 no extremo da Zona Leste, em São Paulo, e seu maior desafio não é o de se tornar um dos maiores polos das Artes Marciais Chinesas no Brasil, mas sim de estar fazendo parte de um todo, com o desenvolvimento progressivo, passo a passo, em desenvolver a força da mente, corpo e do espírito em seus alunos, estimulando a disciplina física e mental, combinando a isso, o apoio e o aperfeiçoamento das habilidades individuais, onde através de um treinamento que combina técnicas tradicionais com métodos mais modernos de treinamento para prática.

Foi o idealizador da Lei municipal nº 13.573/2003 para o dia do Kung Fu no calendário municipal da cidade de São Paulo, em 11 de abril, com apoio do Vereador Toninho Paiva, juntamente com o Grão-Mestre Dirceu Amaral Camargo. Foi premiado por honra ao Mérito Desportivo em 2004 pela FKESP, recebeu o título de Ação Social e Desportivo em 2005 pela Câmera Municipal de São Paulo pelos serviços prestados ao esporte, e também em 2005 pela Federação Paulista de Kung Fu por sua ação em prol do crescimento do Kung Fu no Estado de São Paulo.

Em 2014 entrou no mundo literário, como autor de duas obras de extrema relevância, pela editora Biblioteca24horas Seven System Internacional, a obra, Não Quis O Destino, e pela editora Pandorga, esta série fascinante intitulada, O Reflexo Dos Vencedores.

AAMSKF 7 Arte Marcial Tradicional Chinesa Ltda.
Nome Fantasia: Associação de Arte Marcial Shaolin Kung Fu Louva-a-Deus (Ton-Long)

Endereço: Avenida São Miguel, 3.705 – Ponte Rasa, São Paulo-SP
Telefone: (11) 2547-4383
Site: www.aamskf.com.br
Email: contato@aamskf.com.br

Facebook: www.facebook.com/aamskf.artesmarciais
Twitter: twitter.com/aamskf

INFORMAÇÕES SOBRE NOSSAS PUBLICAÇÕES
E ÚLTIMOS LANÇAMENTOS

 FACEBOOK.COM/EDITORAPANDORGA

 TWITTER.COM/EDITORAPANDORGA

WWW.EDITORAPANDORGA.COM.BR